高职高专“十二五”规划精品教材
会计专业系列

JICHU KUAIJI
SHIXUN

基础会计实训

（第二版）

主　编　许仁忠　陈红　李慧蓉
副主编　昌中华　王聃　周丽梅　李华仙　张会

西南财经大学出版社
Southwestern University of Finance & Economics Press

总序

高等职业教育的培养目标是高素质技术应用型人才，高职高专会计专业肩负着培养素质高、技术强应用型财务会计人才的重任。为了促进专业教学的发展，我们组织编写了这套《高职高专“十二五”规划精品教材·会计专业系列》。按照三年的教学计划和进程，系列规划教材共有十册：《基础会计》《基础会计实训》《财经法规与会计职业道德》《初级会计实务》《成本会计》《商业企业会计实训》《工业企业会计实训》《纳税实务》《会计电算化》《财务人员在企业管理中的能力拓展》，期望能为提高高职高专会计专业教学水平尽绵薄之力。

整套教材编写的指导思想是面向企业的实际需要，结合学生的基本现状，力争通俗易懂、学以致用。财务会计是经济管理中进入行业门槛时对专业技能要求最高的工作，也是经济管理类学科中技术含量最为丰富的工作。要使高职高专会计专业毕业生走上岗位就能动手独立操作，胜任工作，减少企业再次培训的成本和精力，必须时时处处从工作岗位实际需要着手，让学生掌握好会计工作的各项动手操作技能。为此，有一套能高度仿真会计岗位工作实践的教材尤为重要，这也是我们编写这套教材的初衷。

本套教材在编写中本着“课堂就是岗位”的实践理念，着重实践，强调实训，强调培养学生的动手操作能力，在内容组织和安排上，岗位实训的材料较为丰富。为此，在编写时注重精心挑选案例和素材，所挑选的案例与素材均从多年教学与实训工作实际中获得，以让学生切实掌握好会计工作的各项专业操作技能和专业基础知识。密切联系企业实际情况、切实打造学生专业操作技能的实践性原则是本套教材的最大亮点。编者期望能通过这种安排，加强实训练习，达到让学生毕业即能上岗胜任工作的目的。编者更期望能与使用本套教材的同仁一起为实现高职高专会计专业培养目标共同努力。

为了方便使用本套教材的教师教学，考虑到选用的实训内容和材料较多，本套教材在教材编写的同时，还同步编写了教材习题的全套题解和答案，同时制作了教学课件。需用题解和课件的教师可登录西财出版网（网址：http：//www. bookcj. com）下载，也可通过 xurz_ t@ swufe. edu. cn 或 qq 号 736982502 与编者联系取用，相互切磋交流。

本套教材的编者从事会计专业高等职业教育数年，具有较为丰富的教学实践经验。编写中参考了一些专家学者的成果和资料，在此一并致以诚挚感谢。由于学识有限，恳请广大读者和师生对书中误漏之处予以赐教指正。编写中得到了西南财经大学出版社的大力支持，在此表示衷心感谢！

编委会

二零一一年八月

再版说明

《高职高专“十二五”规划精品教材·会计专业系列》中《基础会计实训》一书再版时，编者与部分读者进行了沟通。让编者感到欣慰的是，读者们对全书内容的选取与编排予以了肯定。读者们告诉编者，《基础会计实训》一书中，基础会计所涉及的各种知识与技能的实训、内容的选取与编排特别适合初学会计者由浅入深地学习与掌握各类基础会计知识与技能，极有利于让读者掌握各类基础会计实务知识技能的实际训练。读者们还告诉编者，《基础会计实训》一书的内容不仅仅是基础会计知识与技能的实训，更在实账训练上拓展了读者的实际操作能力，所选取与编排的会计实账训练内容，足以使读者在完成一个企业在一个会计期间的模拟账务处理上得到实际训练，拓宽了读者作为中小企业主办会计的实务操作能力。读者们的评价，将鼓励和鞭策编者精益求精，更加努力地把《高职高专“十二五”规划精品教材·会计专业系列》丛书编写得更受读者欢迎。《基础会计实训》再版时在内容上没有大的调整修改，仅修正了个别遗漏，恳请读者反馈更多的基础会计实训需求，以便把这本书编写得更好、更实用。

编　者

二零一三年元月

前言

《基础会计实训》是《高职高专“十二五”规划精品教材·会计专业系列》中的一册实训教材，也是这套教材中《基础会计》的配套实训教材，教学中与《基础会计》配套使用。

《基础会计实训》在内容上设置了三个模块。第一部分是单项实训，从最基础的会计要素、会计等式实训开始，到较为深入的经济业务事项账务处理与核算实训，涵盖了会计科目与会计账户、会计凭证与会计账簿、借贷记账法与试算平衡表、财产清查与财务会计报告等专项实训，期望能为初学会计的学生打下较为坚实的基础。第二部分是综合实训，是以记账凭证账务处理程序和科目汇总表账务处理程序为记账方法，系统地完成从审核原始凭证开始，经过填制记账凭证和记账、对账、结账，到最终完成财务会计报告的全部会计工作实践。编者认为，会计的初入门者能完成这部分实训，标志着已经具有了学习掌握更高层次会计知识和技能的基础。第三部分是本套高职高专会计专业系列规划教材中《基础会计》的配套教材强化实训练习，选用了部分在教学进程中需要加强的实训项目，期望能对《基础会计》的课程教学有所补充。

本书在内容选取和安排上兼顾了不同层次的教学需求，对基础会计中极为重要的会计分录实训，采用了由浅入深的分层进展方法；既适合高职高专会计专业学生使用，也可供高职高专经济管理类非会计专业学生选用。由于实训项目和内容的选编全面深入，强调与实际会计工作高度仿真，本书也可作为会计操作实务培训的教材使用。

对于不同层次的教学需求，在选用本书实训项目内容时可根据需要进行组合。高职高专经济管理类非会计专业学生可选用第一部分单项实训和第三部分配套教材实训练习中的部分内容。高职高专会计专业学生应除完成必要的基础实训练习外，还要完成第二部分的学习。第二部分综合实训应该是掌握会计专业操作技能和专业基础知识的重点与核心。为了培养和锻炼学生独立操作能力，考虑到教学课时的局限，建议给予学生更大的独立空间，让学生在课外独立思考独立完成，也可作为后续课程《初级会计实务》的实训练习。对于会计操作实务培训的学习者来说，完成全部的实训项目内容对实际操作能力的提高是十分必要的。

《基础会计实训》涉及会计实际操作中的很多数据，编写中虽力求避免遗漏错误，但挂一漏万，错误难免，恳请读者在使用中鉴别批评，予以指正，编者表示诚恳的谢意！

编 者

二零一一年八月

目录

第一部分　单项实训

实训一　会计要素与会计等式

一、知识要点

（一）会计要素是对会计对象的基本分类，是会计对象的具体化，是反映企业财务状况和经营成果的最基本单位，具体划分为资产、负债、所有者权益、收入、费用和利润六大要素。资产、负债和所有者权益反映企业的财务状况，称为静态会计要素；收入、费用和利润反映企业的经营成果，称为动态会计要素。会计要素之间存在一定的内在联系，存在着基本的数量关系。

（二）会计等式反映了会计要素之间基本的数量关系：

（1）“资产 = 负债 + 所有者权益”这一会计等式描述了资产、负债和所有者权益这三个会计要素之间的数量关系。它是会计核算中设置会计账户、复式记账和编制会计报表的理论依据，任何经济业务的发生，都不会破坏这一恒等关系，这一等式称为会计恒等式。会计恒等式反映了企业资金运动的相对静止状态，即从任何一个时点来观察，一个企业的资产总额与权益总额必然相等，称为静态的会计等式。

（2）“收入 - 费用 = 利润”这一会计等式描述了收入、费用和利润这三个会计要素之间的数量关系。它表明企业在一定期间资金运动的过程和取得的经营成果，是一个动态的过程，称为动态的会计等式。

（3）“资产 = 负债 + 所有者权益 + 收入 - 费用”或“资产 + 费用 = 负债 + 所有者权益 + 收入”或“资产 = 负债 + 所有者权益 + 利润”是（1）与（2）中两个会计等式的结合，表明了会计主体的财务状况与经营成果之间的相互联系。

二、实训目标

（一）明确会计要素是会计对象的具体化，掌握会计要素类别的划分，理解会计等式所表现的会计要素之间的深刻内在联系以及会计要素对会计等式的影响。

（二）根据经济业务确定会计要素的类别，运用会计等式正确反映会计要素具体项目的增减变化，进一步用会计要素的发生额验证会计等式。

三、实训资料

（一）四川天一有限公司 2011 年 4 月 30 日资金项目如表 1 - 1 - 1。

表 1－1－1　　资产与权益项目划分表

项目 \ 资金	金额（元）	资产		权益	
		名称	金额	名称	金额
厂房	600 000.00				
向银行借入一年期的款项	500 000.00				
购入设备应付的款项	54 000.00				
销售产品未收回的货款	68 000.00				
存放在银行的款项	79 000.00				
加工中的产品	96 000.00				
库存的完工产品	38 000.00				
某公司投入的设备	245 000.00				
某自然人投入的资金	360 000.00				
生产线机器设备	250 000.00				
运货的汽车	50 000.00				
借给职工的差旅费	4 500.00				
库存的原材料	98 000.00				
其他应偿还的债务	1 500.00				
出纳员保管的现金	6 000.00				
欠交的税金	5 000.00				
合计					

（二）四川天一有限公司 2011 年 5 月 31 日的会计要素资料如下：

（1）公司出纳处库存的现金 28 000 元。

（2）存放在银行的货币 25 000 元。

（3）库存的原材料 31 600 元。

（4）机器设备 150 台，价值 25 000 元。

（5）仓库 4 栋，价值 100 000 元。

（6）向银行贷款 50 000 元，应于两年后偿还。

（7）成都大天公司投入资金 300 000 元。

（8）应缴未交税金 37 000 元。

（9）应收成都旺实公司销货款 61 000 元。

（10）销售产品收入 376 000 元。

（11）产品销售成本 304 300 元。

（12）未销售的成品 95 000 元。

（13）支付广告费用 21 500 元。

（14）实现利润 35 000 元。

（三）四川天一有限公司 2011 年 7 月份会计要素项目如下：

原材料、实收资本、应付工资、银行存款、库存现金、库存商品、盈余公积、固定资产、长期借款、生产成本、资本公积、应交税费、应付账款、周转材料、预收账款、应付债券、投资收益、无形资产、应付利息、应收账款、预付账款、未分配利润、主营业务收入、主营业务成本、管理费用、销售费用、财务费用、其他应收款、制造费用、营业外收入、营业外支出、本年利润。

（四）四川天一有限公司 2011 年 7 月 1 日会计要素结构如表 1－1－2。

表 1－1－2　　四川天一有限公司 2011 年 7 月 1 日会计要素结构

资产项目	余额（元）	权益项目	余额（元）
库存现金	35 000.00	短期借款	200 000.00
银行存款	213 600.00	应付账款	90 900.00
应收账款	76 000.00	长期借款	500 000.00
原材料	435 300.00	实收资本	1 000 000.00
库存商品	216 000.00	资本公积	25 000.00
固定资产	840 000.00		
合　计	1 815 900.00	合　计	1 815 900.00

（五）四川天一有限公司 2011 年 7 月份部分经济业务如下：

（1）1 日，从银行提取现金 25 000 元备用。

（2）4 日，收回销货款 56 000 元存入银行。

（3）7 日，向银行贷入期限为 3 年的借款 500 000 元存入银行。

（4）10 日，收到成都实实公司投资款 200 000 元存入银行。

（5）12 日，以银行存款 200 000 元归还到期的短期借款。

（6）14 日，以银行存款购进设备 2 台，价值 21 700 元。

（7）15 日，购进材料 210 000 元，货款未付。

（8）16 日，将现金 5 000 元存入银行。

（9）18 日，采购员王克借支差旅费 3 000 元，以现金支付。

（10）27 日，产品生产领用原材料 75 000 元。

（11）28 日，完工产品交库：A 产品 200 件，单位成本 90 元；B 产品 300 件，单位成本 70 元。

四、实训要求

（一）根据实训资料（一），在表 1－1－1“资产与权益项目划分表”上划分填列资产和权益项目，计算资产总额和权益总额。

（二）根据实训资料（二），确定各项经济业务归属于哪一个会计要素类别，并确定项目名称，将项目名称及金额填入表 1－1－3“会计要素类别及项目表”。

表 1-1-3　　会计要素类别及项目表

	资产		负债		所有者权益	收入	费用	利润
	流动资产	长期资产	流动负债	长期负债				
(1)								
(2)								
(3)								
(4)								
(5)								
(6)								
(7)								
(8)								
(9)								
(10)								
(11)								
(12)								
(13)								
(14)								

（三）根据实训资料（三），将资料中的会计要素项目按照会计要素六大类别判断归类，填列表 1-1-4“会计要素分类表”。

表 1－1－4　　会计要素分类表

会计要素类别	会 计 要 素 项 目
资产类	
负债类	
所有者权益类	
收入类	
费用类	
利润类	

（四）完成以下要求。

1. 根据实训资料（四）填列表 1－1－5 中的期初金额，计算期初金额的资产合计与权益合计，用会计等式检查是否平衡。

表 1－1－5　　会计要素恒等关系表

2011 年 7 月 31 日

会计要素类别及项目 / 会计事项	期初金额		本期发生金额		期末金额	
	资 产	权 益	资 产	权 益	资 产	权 益
库存现金						
银行存款						
应收账款						
原材料						
库存商品						
固定资产						
短期借款						
应付账款						
长期借款						
实收资本						
资本公积						
生产成本						
其他应收款						
合 计						

2. 根据实训资料（五），确定每项经济业务所引起的会计要素项目，判断这种增减变化对资金总额有无影响，然后分项填写表 1－1－6。

表 1-1-6　　会计要素状态变化表

会计要素类别及项目 会计事项	资产		权益		对资金总额影响		
	增加	减少	增加	减少	增加	减少	无
(1)							
(2)							
(3)							
(4)							
(5)							
(6)							
(7)							
(8)							
(9)							
(10)							
(11)							

3. 根据填制完成的表 1-1-6，计算各项目本期增加与减少金额的合计数，填入表 1-1-5 中的本期发生额，计算各小栏合计数后填表。

4. 根据“期初余额+本期增加金额-本期减少金额=期末余额”的计算公式，计算各项目的期末余额，填入表 1-1-5 中的期末余额，计算合计后填表，检查资产合计数与权益合计数是否满足会计等式平衡。

实训二　会计科目与会计账户

一、知识要点

（一）会计科目是对会计对象的具体内容进行分类核算所设置的项目。按照经济内容可分为资产类、负债类、费用类、所有者权益类、成本类、损益类六大类。

（二）会计账户是按照规定的会计科目在账簿中设置的具有一定结构，用于分类反映会计要素增减变动及其结果的一种工具，是会计科目在账簿中的具体化。

（三）会计科目和会计账户是两个不同的概念，二者之间既有联系又有区别。

会计科目和会计账户的共同点是：会计科目和会计账户都是按照相同经济内容来设置的，会计账户是根据会计科目开设的。会计科目的名称就是会计账户的名称。会计科目规定的核算内容就是会计账户应记录反映的经济内容。

会计科目和会计账户的区别是：会计科目只是会计账户的名称，只能表明某项经济内容，不存在结构问题；而会计账户必须具备一定的结构，以便记录或反映某项经济内容的增减变动及其结果。

二、实训目标

（一）理解会计科目的设置原理及会计科目之间的关系，认识会计账户的基本结构，掌握登记账户的方法，明确期末余额与本期发生额的关系。

（二）正确使用会计科目，掌握会计科目的名称所及核算内容，根据会计科目开设会计账户，正确登记账户的本期发生额和计算期末余额。

三、实训资料

（一）四川天一有限公司2010年5月初的部分会计资料如下：

（1）存放在银行的货币资金430 000元。

（2）公司出纳处的现款24 000元。

（3）库存的各种原材料价值970 000元 。

（4）尚未收回的产品销售货款295 000元。

（5）已完工入库尚未销售的产品，成本价值645 500元。

（6）各种机器设备价值900 000元。

（7）厂房、仓库价值1 500 000元。

（8）贷款期限在一年以内的各种借款280 000元。

（9）应缴未交的各种税金24 700元。

（10）企业投资者投入资金3 000 000元。

（11）产品销售收入267 000元。

（二）四川天一有限公司2010年7月初部分会计资料如下：

账户名称	余额（元）
银行存款	885 000
应收账款	674 000
短期借款	300 000
实收资本	1 500 000
主营业务收入	平

（三）四川天一有限公司2010年8月发生的部分经济业务如下：

（1）2日，用银行存款支付购买材料款350 000元。

（2）3日，从银行提取现金30 000元备用。

（3）7日，收到投资者投资款500 000元存入银行。

（4）10日，销售甲产品50件，计货款200 000元，款未收到。

（5）14日，以银行存款支付应付职工工资250 000元。

（6）18日，将资本公积金12 000元转增资本 。

（7）20日，收回销货款150 000元存入银行。

（8）22日，销售乙产品90件，货款270 000元存入银行。

（9）25日，用银行存款300 000元偿付到期的短期借款。

（10）28日，购买原材料850 000元，以银行存款支付。

四、实训要求

（一）根据实训资料（一），判断会计事项归属哪一类会计科目，确定会计科目的名称，填入表1-2-1内。

表1-2-1　　会计科目确认表

会计事项项目	会计科目类别	会计科目名称
(1)		
(2)		
(3)		
(4)		
(5)		
(6)		
(7)		
(8)		
(9)		
(10)		
(11)		

（二）根据实训资料（二），开设“银行存款”、“应收账款”、“短期借款”、“实收资本”、“主营业务收入”五个“T”形账户，记入期初余额。

1.“银行存款”账户

银行存款

2.“应收账款”账户

应收账款

3．“短期借款”账户

短期借款

4．“实收资本”账户

实收资本

5．“主营业务收入”账户

主营业务收入

（三）根据实训资料(三)，逐项登记所开设的“银行存款”、“应收账款”、“短期借款”、“实收资本”、“主营业务收入”五个“T”形账户，结出各账户的本期发生额合计和期末余额。

实训三　借贷记账法与会计分录（一）

一、知识要点

（一）借贷记账法是以“借”“贷”作为记账符号，以“有借必有贷，借贷必相等”作为记账规则，以“资产 = 负债 + 所有者权益”会计等式为基础，用来记录交易或者事项的一种复式记账方法。借贷记账法下经济业务的发生额及余额具有平衡关系。可以通过编制试算平衡表来反映期初余额、本期发生额及期末余额的这种平衡关系。

（二）会计分录是表明经济业务应记入的账户以及方向和金额的记录，它的三个要素是：账户名称、记账方向和记账金额。编制会计分录，一般分为以下四个步骤：

（1）分析经济业务，确定经济业务所涉及账户的名称和性质。

（2）判断借贷方向，确定每个对应账户应记录的借贷方向。

（3）确定记录金额，分析计算记入每个对应账户的金额。

(4) 根据记账规则检查会计分录借贷是否平衡，有无差错。

二、实训目标

(一) 理解复式记账原理，掌握借贷记账法编制会计分录的方法。

(二) 初步具备运用借贷记账法编制会计分录技能。

三、实训资料

(一) 四川天一有限公司2010年5月初的部分会计资料如下：

(1) 存放在银行的货币资金430 000元。

(2) 公司出纳处现款24 000元。

(3) 库存各种原材料价值970 000元。

(4) 尚未收回的产品销售货款295 000元。

(5) 已完工入库尚未销售的产品，成本价值645 500元。

(6) 各种机器设备价值900 000元。

(7) 厂房、仓库价值1 500 000元。

(8) 贷款期限在一年以内的各种借款280 000元。

(9) 应缴未交的各种税金24 700元。

(10) 企业投资者投入资金3 000 000元。

(11) 产品销售收入267 000元。

(二) 四川天一有限公司2010年8月发生的部分经济业务如下：

(1) 2日，用银行存款支付购买材料款350 000元。

(2) 3日，从银行提取现金30 000元备用。

(3) 7日，收到投资者投资款500 000元存入银行。

(4) 10日，销售甲产品50件，计货款200 000元，款未收到。

(5) 14日，以银行存款支付应付职工工资250 000元。

(6) 18日，将资本公积金12 000元转增资本。

(7) 20日，收回销货款150 000元存入银行。

(8) 22日，销售乙产品90件，货款270 000元存入银行。

(9) 25日，用银行存款300 000元偿付到期的短期借款。

(10) 28日，购买原材料850 000元，以银行存款支付。

四、实训要求

(一) 根据实训资料（一）填写表1-3-1，对每项经济业务作简要描述写出摘要，选择准确的会计科目，明确借贷方向，正确填写金额。

表 1-3-1

序号	经济业务摘要	会计科目		借或贷		借方金额（元）	贷方金额（元）
		总账科目	明细科目	借	贷		
(1)							
(2)							
(3)							
(4)							
(5)							
(6)							
(7)							
(8)							
(9)							
(10)							
(11)							

（二）根据实训资料（二），编制会计分录填入表 1-3-2 内。

表 1-3-2　　四川天一有限公司会计分录簿

业务序号	经济业务摘要	会 计 分 录
(1)		借： 贷：
(2)		借： 贷：
(3)		借： 贷：
(4)		借： 贷：
(5)		借： 贷：
(6)		借： 贷：
(7)		借： 贷：
(8)		借： 贷：

表1-3-2(续)

业务序号	经济业务摘要	会计分录
(9)		借: 贷:
(10)		借: 贷:

实训四　试算平衡表

一、知识要点

借贷记账法的记账规则是“有借必有贷，借贷必相等”。借贷记账法下经济业务的发生额及余额具有平衡关系。可以通过编制试算平衡表来反映期初余额、本期发生额及期末余额这种平衡关系。

二、实训目标

（一）理解会计等式和复式记账原理，熟悉借贷记账法下的记账规则，掌握编制试算平衡表的技能。

（二）掌握通过试算平衡表判断和查找账户记录错误的技能。

三、实训资料

（一）四川天一有限公司2010年8月发生的部分经济业务如下：

（1）2日，用银行存款支付购买材料款350 000元。

（2）3日，从银行提取现金30 000元备用。

（3）7日，收到投资者投资款500 000元存入银行。

（4）10日，销售甲产品50件，计货款200 000元，款未收到。

（5）14日，以银行存款支付应付职工工资250 000元。

（6）18日，将资本公积金12 000元转增资本。

（7）20日，收回销货款150 000元存入银行。

（8）22日，销售乙产品90件，货款270 000元存入银行。

（9）25日，用银行存款300 000元偿付到期的短期借款。

（10）28日，购买原材料850 000元，以银行存款支付。

（11）29日，向银行贷得三年期借款500 000元存入银行。

（12）30日，购得运货卡车一辆，价值150 000元，款未付。

（13）30日，职工李摇借支差旅费5 000元，以现金支付。

（14）31日，销售产品70件，计货款280 000元，款未收到。

（15）31日，仓库发出材料125 000元用于产品生产。

（二）四川天一有限公司2011年1月1日的账户余额如表1-4-1所示。

表1-4-1　　金额单位：元

账户名称	余　额	账户名称	余　额
库存现金	1 500.00	短期借款	150 000.00
银行存款	245 000.00	应付账款	108 000.00
应收账款	32 000.00	应付职工薪酬	43 500.00
原材料	240 000.00	应交税费	15 000.00
库存商品	150 000.00	长期借款	200 000.00
无形资产	200 000.00	实收资本	1 102 000.00
生产成本	350 000.00	资本公积	150 000.00
固定资产	750 000.00	利润分配	200 000.00
合　计	1 968 500.00	合　计	1 968 500.00

（三）四川天一有限公司2011年1月份发生下列经济业务：

（1）1日，从银行提取现金4 000元备用。

（2）5日，收到李成投资生产设备一台，价值388 000元。

（3）7日，用存款58 000元偿还前欠成都泰山公司材料款。

（4）8日，收到成都南天公司归还前欠货款32 000元，存入银行。

（5）10日，从银行贷得短期借款50 000元，直接归还欠成都大明公司货款。

（6）11日，仓库发出材料一批，其中用于产品生产235 000元，用于厂部行政部门4 000元。

（7）13日，职工王成因公出差，借支差旅费现金4 000元。

（8）13日，以银行存款缴纳应交税费15 000元。

（9）16日，董事会研究决定，将资本公积150 000元转增资本金。

（10）20日，购进材料一批，价款215 000元，材料已入库，以银行存款支付150 000元，余款暂欠。

（11）23日，以银行存款43 500元发放应付工资。

（12）24日，王成出差归来，报销差旅费3 250元，以现金补付差额。

（13）25日，经与本公司投资人成都前进公司商定，由成都前进公司代本公司偿还到期长期借款200 000元，此款作为成都前进公司对本公司的追加投资。

（14）27日，A产品完工入库80件，单位生产成本580元；B产品完工入库30件，单位生产成本550元。

（15）29日，销售A产品160件，单位售价800元；销售B产品125件，单位售价850元，销售款已存入银行。

（16）30日，结转已销产品成本。（本期销售数量及单位产品生产成本见前两项业

务活动）

四、实训要求

（一）根据实训资料（一）填写表1－4－2。

表1－4－2　　四川天一有限公司发生额平衡表

账户名称	本期发生额	
	借　方	贷　方
库存现金		
银行存款		
原材料		
应收账款		
长期借款		
实收资本		
短期借款		
固定资产		
应付账款		
其他应收款		
主营业务收入		
生产成本		
应付职工薪酬		
合　计		

（二）根据实训资料（二）填写表1－4－3中的期初余额，合计出借贷方的期初金额后检查是否平衡。

表1－4－3　　四川天一有限公司试算平衡表

2011年1月

账户 名称	期初余额		本期发生额		期末余额	
	借 方	贷 方	借 方	贷 方	借 方	贷 方
库存现金						
银行存款						
原材料						
库存商品						

表1－4－3(续)

账户 名称	期初余额		本期发生额		期末余额	
	借 方	贷 方	借 方	贷 方	借 方	贷 方
固定资产						
周转材料						
库存商品						
应收账款						
预付账款						
实收资本						
盈余公积						
长期借款						
短期借款						
应付账款						
无形资产						
资本公积						
应交税费						
预收账款						
应付债券						
应付利息						
未分配利润						
主营业务收入						
主营业务成本						
其他业务收入						
其他业务成本						
营业外支出						
营业外收入						
制造费用						
投资收益						
管理费用						
财务费用						
本年利润						

表1－4－3(续)

账户 名称	期初余额		本期发生额		期末余额	
	借 方	贷 方	借 方	贷 方	借 方	贷 方
销售费用						
生产成本						
所得税费用						
营业税金及附加						
累计折旧						
应付职工薪酬						
应付利息						
利润分配						
合计						

（三）根据实训资料（三）编制会计分录填入表1－4－4内。

表1－4－4　　　　四川天一有限公司会计分录簿

业务序号	经济业务摘要	会 计 分 录
(1)		借: 贷:
(2)		借: 贷:
(3)		借: 贷:
(4)		借: 贷:
(5)		借: 贷:
(6)		借: 贷:
(7)		借: 贷:
(8)		借: 贷:

表1－4－4(续)

业务序号	经济业务摘要	会 计 分 录
(9)		借： 贷：
(10)		借： 贷：
(11)		借： 贷：
(12)		借： 贷：
(13)		借： 贷：
(14)		借： 贷：
(15)		借： 贷：
(16)		借： 贷：

（四）根据实训资料（三）填写表1－4－3中的本期发生额，合计出借贷方的本期发生额，检查是否平衡。

（五）计算四川天一有限公司2011年1月份各项会计账户的期末余额，合计出借贷方的期末余额，填入表1－4－3中，检查是否平衡。

实训五　会计凭证

一、知识要点

（一）会计凭证是记录经济业务事项发生或完成情况、明确经济责任并作为登记账簿依据的书面证明。会计凭证按填制的程序和用途的不同，分为原始凭证和记账凭证。

（二）原始凭证是在经济业务发生或完成时所取得或填制的，载明经济业务的具体内容和完成情况的书面证明，它是进行会计核算的原始资料和重要依据。原始凭证按取得的来源不同，分为自制原始凭证和外来原始凭证。

（三）记账凭证是会计人员根据审核无误的原始凭证或原始凭证汇总表填制的，用来记载经济业务简要内容，确定会计分录，作为登记账簿直接依据的会计凭证。记账凭证按反映的经济业务内容的不同，分为专用记账凭证和通用记账凭证。

二、实训目标

（一）明确原始凭证的基本要素，熟悉常见的原始凭证，掌握填制原始凭证的基本技能，能根据经济业务的性质内容，书写规范地正确填制原始凭证。

（二）明确原始凭证审核的必要性，掌握审核原始凭证的方法，能按照《会计基础工作规范》中的要求对原始凭证进行审核。

（三）明确记账凭证的基本要素，掌握借贷记账法下通用记账凭证的填制、审核、汇总的基本技能，能准确地根据审核后的原始凭证确定会计分录，正确填制、审核通用记账凭证，编制科目汇总表。

（四）熟悉在借贷记账法下专用记账凭证的格式，掌握借贷记账法下专用记账凭证填制、汇总的基本技能，规范地填制各种专用记账凭证和汇总记账凭证。

三、实训资料

（一）四川天一有限公司主要业务经办人员为：出纳员刘英、销售员张力、仓库保管员于浩、会计主管李伟。该厂开户行名称为成都市工商银行金牛支行，账号为89—356，纳税人登记号为9186。

（二）四川天一有限公司2008年5月发生下列经济业务：

（1）1日，从银行提取现金30 000元备用，需填制现金支票一张。

原始凭证1-5-1

中国工商银行现金支票存根

支票号码

科目

对方科目

签发日期　　年　月　日

收款人：
金额：
用途：
备注：

单位主管　　会计

复　　核　　记账

中国工商银行现金支票　　支票号码

签发日期　　年　月　日　　第　　号

开户行名称

收款人　　签发人账号

人民币（大写）	十	万	千	百	十	元	角	分

用途　　科目（付）

款项请从我　　对方科目（收）

账户内支付　　收讫日期　　年　月　日

复核　　记账

(2) 4 日，销售员张力借支现金 3 500 元，需填制借款单一张。

原始凭证 1-5-2

四川天一有限公司借款单

年 月 日

<table>
<tr><td>借款部门</td><td colspan="2"></td><td colspan="2">借款人</td><td colspan="2"></td></tr>
<tr><td>借款金额</td><td colspan="6">人民币（大写）</td></tr>
<tr><td>借款事由</td><td colspan="6"></td></tr>
<tr><td>领导审批</td><td></td><td>会计主管</td><td></td><td>借款人签名</td><td></td><td></td></tr>
</table>

(3) 9 日，归还成都前程公司材料款 83 000 元。成都前程公司的开户银行为成都市工商银行金牛支行，账号为 93—551784。需填制电汇凭证一张。

原始凭证 1-5-3

中国工商银行电汇凭证（回单）

委托日期： 年 月 日 第 号

<table>
<tr><td rowspan="3">付款单位</td><td>名称</td><td></td><td rowspan="3">收款单位</td><td>名称</td><td colspan="7"></td></tr>
<tr><td>账号</td><td></td><td>账号</td><td colspan="7"></td></tr>
<tr><td>开户银行</td><td></td><td>开户银行</td><td colspan="7"></td></tr>
<tr><td rowspan="2">金额</td><td colspan="2" rowspan="2">人民币
（大写）</td><td>十</td><td>万</td><td>千</td><td>百</td><td>十</td><td>元</td><td>角</td><td>分</td></tr>
<tr><td></td><td></td><td></td><td></td><td></td><td></td><td></td><td></td></tr>
<tr><td colspan="2">汇款用途</td><td colspan="9"></td></tr>
<tr><td colspan="3">开户单位汇入银行盖章</td><td colspan="8">汇入日期 月 日</td></tr>
</table>

(4) 10 日，材料仓库发给总装车间包装产品用包装箱 420 个，单价 50 元，领料人李力。需填制领料单一张。

原始凭证 1-5-4

四川天一有限公司领料单

领料单位： 领料用途：

发料仓库： 年 月 日 编号：

<table>
<tr><td rowspan="2">材料编号</td><td rowspan="2">材料名称</td><td rowspan="2">单位</td><td rowspan="2">数量</td><td rowspan="2">单价</td><td colspan="8">金额</td></tr>
<tr><td>十</td><td>万</td><td>千</td><td>百</td><td>十</td><td>元</td><td>角</td><td>分</td></tr>
<tr><td></td><td></td><td></td><td></td><td></td><td></td><td></td><td></td><td></td><td></td><td></td><td></td><td></td></tr>
<tr><td></td><td></td><td></td><td></td><td></td><td></td><td></td><td></td><td></td><td></td><td></td><td></td><td></td></tr>
<tr><td></td><td></td><td></td><td></td><td></td><td></td><td></td><td></td><td></td><td></td><td></td><td></td><td></td></tr>
<tr><td>备注</td><td colspan="3"></td><td>合计</td><td></td><td></td><td></td><td></td><td></td><td></td><td></td><td></td></tr>
</table>

领料人： 发料人：

（5）13 日，材料仓库收到成都前程公司送来圆钢 10 吨，单价 2 500 元，发票号 46418。需填制收料单一张。

原始凭证 1－5－5

四川天一有限公司收料单

收料单位：　　　　　　　　　　　　　　　　　　　　　　　送料单位：

发票号码：　　　　　　　　　年　月　日　　　　　　　　　编号：

材料编号	材料名称	单位	数量	单价	金额							
					十	万	千	百	十	元	角	分
备　注				合计								

主管：　　　　　　　　　　收料人：

（6）15 日，将现金 18 370 元送存银行，其中面额 100 元的 142 张，50 元的 54 张，10 元的 147 张 。需填制现金交款单一张。

原始凭证 1－5－6

中国工商银行现金交款单（回单）　①

年　月　日　　　　　　　对方科目

收款单位	全称			款项来源	
	账号		开户银行	交款单位	

人民币（大写）	百	十	万	千	百	十	元	角	分

票面	壹佰元	伍拾元	拾元	伍元	合计金额	收款复核
把（百张）数						
叠（廿张）数						银行盖章
零张数						
合计金额						年　月　日

（7）20 日，销售给成都跃程公司 sk12 型铲车 2 台，单价 30 500 元，增值税率 17%。成都跃程公司的开户行为成都市工商银行金牛支行，账号为 93—383415，纳税人登记号为 510104798。需填制增值税专用发票一张、委托银行收款结算凭证一张。

原始凭证 1－5－7

四川省增值税专用发票

开票日期：　　年　月　日　　　　　　发票号码 NO. 566

<table>
<tr><td rowspan="2">购货单位</td><td>名称</td><td colspan="9"></td><td colspan="4">纳税人登记号</td><td colspan="5"></td></tr>
<tr><td>地址</td><td colspan="9"></td><td colspan="4">开户银行及账号</td><td colspan="5"></td></tr>
<tr><td colspan="2" rowspan="2">商品或劳务名称</td><td rowspan="2">单位</td><td rowspan="2">数量</td><td rowspan="2">单价</td><td colspan="7">价款金额</td><td rowspan="2">税率（%）</td><td colspan="7">税款金额</td></tr>
<tr><td>万</td><td>千</td><td>百</td><td>十</td><td>元</td><td>角</td><td>分</td><td>万</td><td>千</td><td>百</td><td>十</td><td>元</td><td>角</td><td>分</td></tr>
<tr><td colspan="2"></td><td></td><td></td><td></td><td></td><td></td><td></td><td></td><td></td><td></td><td></td><td></td><td></td><td></td><td></td><td></td><td></td><td></td><td></td></tr>
<tr><td colspan="2"></td><td></td><td></td><td></td><td></td><td></td><td></td><td></td><td></td><td></td><td></td><td></td><td></td><td></td><td></td><td></td><td></td><td></td><td></td></tr>
<tr><td colspan="2">合计</td><td></td><td></td><td></td><td></td><td></td><td></td><td></td><td></td><td></td><td></td><td></td><td></td><td></td><td></td><td></td><td></td><td></td><td></td></tr>
<tr><td colspan="13">价税合计（大写）</td><td colspan="7">（小写）</td></tr>
<tr><td>销货单位</td><td>名称</td><td colspan="9"></td><td colspan="4">纳税人登记号</td><td colspan="5"></td></tr>
</table>

收款人　　　　　　　　开票单位（未盖章无效）

原始凭证 1－5－8

委托银行收款结算凭证（回单）　　　　委收号码：第　号

委托日期：　　年　　月　　日

<table>
<tr><td rowspan="3">付款单位</td><td>名称</td><td></td><td rowspan="3">收款单位</td><td colspan="3">名称</td><td colspan="6"></td></tr>
<tr><td>账号</td><td></td><td colspan="3">账号</td><td colspan="6"></td></tr>
<tr><td>开户银行</td><td></td><td colspan="3">开户银行</td><td colspan="6"></td></tr>
<tr><td rowspan="2">委收金额</td><td colspan="3" rowspan="2">人民币（大写）</td><td>百</td><td>十</td><td>万</td><td>千</td><td>百</td><td>十</td><td>元</td><td>角</td><td>分</td></tr>
<tr><td></td><td></td><td></td><td></td><td></td><td></td><td></td><td></td><td></td></tr>
<tr><td>款项内容</td><td></td><td>委托收款凭据名称</td><td colspan="4"></td><td colspan="3">附寄单证张数</td><td colspan="3"></td></tr>
<tr><td colspan="3">备注：</td><td colspan="3">款项收妥日期
年　月　日</td><td colspan="7">（收款单位开户行盖章）
月　日</td></tr>
</table>

单位主管　　　　复核　　　　会计记账

（8）25 日，销售员张力出差归来，其交通费、住宿费及补助情况如下：8 日晨9 时于本市启程，10 日晚 10 时到达北京，火车硬座车票 358 元；23 日晨 6 时从北京市启程，次日晚 8 时返回本市，火车硬卧车票一张，计 346 元，公共汽车票 45 张，计 89. 50 元；住宿单据一张，日标准 50 元，共 16 晚，计 800 元；按规定生活补助每天 50 元，未乘硬卧补助票价的 40%。需填制差旅费报销单一张和收据一张。

原始凭证 1－5－9　　　　四川天一有限公司差旅费报销单　　　　第　号

出差人姓名				出差事由					项目	张数	金额
起程			到达			车机船费	硬卧补助	报销单据			
月	日	地点	月	日	地点						
									小计		
补贴		天	每天补贴					合计补贴			
报销合计			（大写）			（小写）				预借款	
备注					应退回现金						

主管领导　　　　会计主管　　　　报销人

原始凭证 1－5－10　　　　收款收据

年　月　日

交款单位（或个人）：	
事由：	
金额：（大写）	（小写）
财务主管　收款人	

（9）28 日，从成都鹏程有限公司购进办公桌 10 张，单价 350 元，交保管员验收入库。需填制转账支票一张、办公用品验收单一张。

原始凭证 1－5－11

中国工商银行转账支票存根

支票号码

科目

对方科目

签发日期　　年　月　日

收款人：
金额：
用途：
备注：

单位主管　　会计

复　核　　记账

中国工商银行转账支票　　支票号码

签发日期　　年　月　日　　第　号

开户行名称

收款人　　签发人账号

人民币（大写）	十	万	千	百	十	元	角	分

用途　　科目（付）

款项请从我　　对方科目（收）

账户内支付　　收讫日期　　年　月　日

复核　　记账

原始凭证 1－5－12　　　　四川天一有限公司用具用品验收单

验收部门　　　　　　　　　　　　　　　年　　月　　日　　　　　　　　　　　　　　第　　号

编号	品名	规格	数量	单位	单价	金额						
						万	千	百	十	元	角	分
合计												

验收人：

（10）30 日，收到成都鹏飞有限公司转账支票一张，金额 38 450 元，归还前欠货款。成都鹏飞有限公司公司的开户行为中国工商银行成都市青羊支行，账号为 95—763814。需填制银行进账单一张。

原始凭证 1－5－13　　　中国工商银行进账单　（回电或收账通知）

年　　月　　日　　　　　　　　　　　　　　第　　号

付款单位	名称		收款单位	名称									
	账号			账号									
	开户银行			开户银行									
金额		人民币（大写）		百	十	万	千	百	十	元	角	分	
票据张数				收款单位开户行盖章									
票据种类													
复核		记账											

（三）四川天一有限公司财会部门 2008 年 4 月取得如下原始凭证：

（1）1 日，出纳员从银行提取现金 25 000 元备用。

原始凭证 1－5－14

中国工商银行现金支票存根

支票号码　川工 78497

科目

对方科目

签发日期 2008 年 4 月 1 日

收款人：四川天一有限公司
金额：25 000.00
用途：备用
备注：

财务主管　李伟　　会计　许成

（2）2 日，购进办公用具一批：办公桌 4 张，单价 450 元；椅子 4 把，单价 150 元。以转账支票付讫，货已入库，销售单位为成都八一办公用具商场。

原始凭证 1－5－15

中国工商银行转账支票存根

支票号码　川工 61587

科目

对方科目

签发日期 2008 年 4 月 2 日

收款人：成都八一办公用具商场
金额：2 400.00
用途：备用
备注：

财务主管　李伟　　会计　许成

原始凭证 1－5－16　　　　工商企业统一发票

客户：四川天一有限公司　　　　2008 年 4 月 2 日　　　　NO. 44567

项目	单位	数量	单价	金额							
				百	十	万	千	百	十	元	角
办公桌	张	4	450.00				1	8	0	0	0
椅子	把	4	150.00					6	0	0	0
合计（大写）贰仟肆佰元整						¥	2	4	0	0	0

收款单位盖章　　　　开票人：李忠　　　　收款人：彭伟

原始凭证 1－5－17　　　　四川天一有限公司固定资产用具用品验收单

验收部门：财务部　　　　2008 年 4 月 2 日　　　　第 8 号

编号	品 名	数量	单位	单价	金额						
					万	千	百	十	元	角	分
	办公桌	4	张	450.00		1	8	0	0	0	0
	椅子	4	把	150.00			6	0	0	0	0
合计					¥	2	4	0	0	0	0

验收人：李辉

（3）12 日，向重庆飞跃有限公司购进甲材料和乙材料，增值税率为 17%，以电汇结算。

原始凭证 1－5－18　　**四川省增值税专用发票**

开票日期：2008 年 4 月 12 日　　发票号码 NO. 567

购货单位	名称	四川天一有限公司	纳税人登记号	9186
	地址		开户银行及账号	成都市工商银行金牛支行，账号 89—356

商品或劳务名称	单位	数量	单价	价款金额							税率（%）	税款金额						
				万	千	百	十	元	角	分		万	千	百	十	元	角	分
甲材料	千克	90	80.00		7	2	0	0	0	0	17		1	2	2	4	0	0
乙材料	千克	60	90.00		5	4	0	0	0	0	17			9	1	8	0	0
合计				1	2	6	0	0	0	0			2	1	4	2	0	0
价税合计（大写）壹万肆仟柒佰肆拾贰元整　　（小写）￥14 742.00																		

销货单位	名称	重庆飞跃公司	纳税人登记号	9765
	地址	重庆市渝中区	开户银行及账号	工商银行重庆市渝中区支行 账号 45—663513

收款人　王非　　　　开票单位（未盖章无效）

原始凭证 1－5－19　　**中国工商银行电汇凭证（回单）**

委托日期：　　2008 年 4 月 12 日　　第 8 号

付款单位	名称	四川天一有限公司	收款单位	名称	重庆飞跃有限公司
	账号	89—356		账号	45—663513
	开户银行	成都市工商银行金牛支行		开户银行	工商银行重庆市渝中区支行

金额	人民币（大写）	壹万肆仟柒佰肆拾贰元整	百	十	万	千	百	十	元	角	分
				￥	1	5	7	4	2	0	0

汇款用途	购材料款
开户单位汇入银行盖章	汇入日期　月　日

（4）14 日，销售员从郑州市出差归来，应报差旅费 820.00 元。

原始凭证 1－5－20　　**四川天一有限公司差旅费报销单**　　第　号

2008 年 4 月 14 日

补贴	4 天	每天补贴	50	合计补贴	200
报销合计	（大写）捌佰贰拾元整　（小写）820.00			预借款	1 000
备注			应退回现金	180.00	

主管领导：郑成　　会计主管：李伟　　报销人：张力

原始凭证 1-5-21　　四川天一有限公司收款收据

2008 年 4 月 14 日

交款单位（或个人）：张力	
事由：退回结余差旅费	
金额：（大写）壹佰捌拾元整	（小写）180.00
财务主管：李伟	收款人：刘英

（四）四川天一有限公司 2008 年 12 月份的有关经济业务如下：

（1）1 日，收回成都鹏飞有限公司欠款存入银行。

原始凭证 1-5-22　　中国工商银行进账单　（回电或收账通知）

2008 年 12 月 1 日　　第 12 号

付款单位	名称	四川天一有限公司	收款单位	名称	成都鹏飞有限公司								
	账号	89—356		账号	95—763814								
	开户银行	成都市工商银行金牛支行		开户银行	成都市工商银行青羊支行								
金额		人民币（大写） 陆万伍仟元整		百	十	万	千	百	十	元	角	分	
					¥	6	5	0	0	0	0	0	
票据张数		1	收款单位开户行盖章										
票据种类		转支											
复核	记账												

（2）1 日，从工商银行提取现金备发工资。

原始凭证 1-5-23

中国工商银行现金支票存根

支票号码　川工 61587

科目

对方科目

签发日期 2008 年 12 月 1 日

收款人：四川天一有限公司
金额：20 000.00
用途：备用
备注：

（3）2 日，发放上月工资。

原始凭证 1－5－24　　四川天一有限公司工资单

2008 年 11 月 30 日

部门	基本工资	津贴	应付工资	代扣款	实发工资
生产车间	12 000.00	2 000.00	14 000.00	1 500.00	12 500.00
车间管理人员	2 500.00	600.00	3 100.00	500.00	2 600.00
行政管理人员	3 500.00	800.00	4 300.00	600.00	3 700.00
合计	18 000.00	3 400.00	21 400.00	2 600.00	18 800.00

（4）4 日，职工借支差旅费。

原始凭证 1－5－25　　四川天一有限公司借款单

2008 年 12 月 4 日

借款部门	销售部		借款人	张力	
借款金额	人民币（大写）　贰仟元整　　¥2 000.00				
借款事由	销售产品				
领导审批	郑如	会计主管	李伟	借款人签名	张力

（5）6 日，购进成都飞渝有限公司材料一批。

原始凭证 1－5－26

中国工商银行转账支票存根

支票号码　川工 48642

科目

对方科目

签发日期 2008 年 12 月 6 日

收款人：成都飞渝有限公司
金额：12 600.00
用途：购材料
备注：

原始凭证 1－5－27

四川省增值税专用发票

开票日期：2008 年 12 月 6 日　　　　发票号码 NO. 568

购货单位				
购货单位	名称	四川天一有限公司	纳税人登记号	9186
	地址		开户银行及账号	成都市工商银行金牛支行，账号 89—356

商品或劳务名称	单位	数量	单价	价款金额							税率（%）	税款金额						
				万	千	百	十	元	角	分		万	千	百	十	元	角	分
A 材料	千克	80	90.00		7	2	0	0	0	0	17		1	2	2	4	0	0
B 材料	千克	90	60.00		5	4	0	0	0	0	17			9	1	8	0	0
合计				1	2	6	0	0	0	0			2	1	4	2	0	0
价税合计（大写）壹万肆仟柒佰肆拾贰元整									（小写）¥14 742.00									

销货单位				
销货单位	名称	成都飞渝有限公司	纳税人登记号	8762
	地址		开户银行及账号	成都工商银行成华区支行 账号 75—763413

收款人　王记　　　　开票单位（未盖章无效）

原始凭证 1－5－28

四川天一有限公司收料单

收料单位：材料仓库

发票号码：NO. 568　　　　2008 年 12 月 6 日　　　　编号：324

材料编号	材料名称	单位	数量	单价	金额							
					十	万	千	百	十	元	角	分
	A 材料	千克	80	90.00			7	2	0	0	0	0
	B 材料	千克	90	60.00			5	4	0	0	0	0
备　注				合计	¥	1	2	6	0	0	0	0

保管员　于浩

（6）8 日，购买国家债券。

原始凭证 1－5－29

中国工商银行转账支票存根

支票号码　川工 48643

科目

对方科目

签发日期 2008 年 12 月 8 日

收款人：成都市财政局国债服务部
金额：200 000.00
用途：购国债
备注：

原始凭证 1－5－30　　　　2008 年（三年期）国家债券收据

2008 年 12 月 8 日

<table>
<tr><td rowspan="2">购买
单位</td><td colspan="3" rowspan="2">四川天一有限公司</td><td colspan="2">账号</td><td colspan="4">开户行</td></tr>
<tr><td colspan="2">89—356</td><td colspan="4">成都市工商银行金牛支行</td></tr>
<tr><td>收购金额</td><td colspan="9">人民币（大写）贰拾万元整　　　　¥200 000.00</td></tr>
<tr><td colspan="10">上列国家债券款项业已收讫　　经收单位：成都市财政局国债服务部</td></tr>
<tr><td colspan="10">2008 年国库券还本付息栏</td></tr>
<tr><td colspan="3">支付本息日期</td><td>年利率</td><td colspan="3">支付本息金额</td><td>记账</td><td>复核</td><td>单位签章</td></tr>
<tr><td>年</td><td>月</td><td>日</td><td></td><td>本金</td><td>利息</td><td>合计</td><td></td><td></td><td></td></tr>
<tr><td></td><td></td><td></td><td></td><td></td><td></td><td></td><td></td><td></td><td></td></tr>
<tr><td></td><td></td><td></td><td></td><td></td><td></td><td></td><td></td><td></td><td></td></tr>
</table>

（7）9 日，接受外商查理张捐赠。

原始凭证 1－5－31　　　　捐赠资产交接单

2008 年 12 月 9 日

捐赠单位（人）	查理张	接受单位		四川天一有限公司
捐赠资产名称	原始价值	确认价值		预计使用年限
货车	80 000.00	80 000.00		10 年
合计：人民币（大写）捌万元整　　¥80 000.00				

（8）9 日，支付成都市经济电视台广告费。

原始凭证 1－5－32

中国工商银行转账支票存根

支票号码　川工 48644

科目

对方科目

签发日期 2008 年 12 月 6 日

收款人：成都市经济电视台
金额：15 000.00
用途：广告费
备注：

原始凭证 1-5-33　　　　成都市经济电视台发票

客户：四川天一有限公司　　　　2008 年 12 月 9 日　　　　地税 A 字　　号

项 目	单位	数量	单价	金额							
				十	万	千	百	十	元	角	分
广 告	次	30	500.00		1	5	0	0	0	0	0
合计（大写）　壹万伍仟元整				¥	1	5	0	0	0	0	0

收款人单位盖章：　　　　开票人：记成　　　　收款人：王大

（9）10 日，缴纳增值税。

原始凭证 1-5-34　　　　中华人民共和国税收缴款书

填发日期：2008 年 12 月 10 日

预算科目	款	增值税		缴款单位	代码	9186
	项	一般增值税			全称	四川天一有限公司
	级次	中央 75%	地方 25%		开户银行	成都市工商银行金牛支行
收款国库		总金库	市金库		账号	89—356
税款所属时间 2008 年 11 月				税款限缴日期 2008 年 12 月 10 日		

品目名称	应缴税额	已缴或扣除额	金额									
			千	百	十	万	千	百	十	元	角	分
增值税						6	8	0	0	0	0	0
合计（大写）陆万捌仟元整					¥	6	8	0	0	0	0	0

（10）10 日，取得成都市工商银行金牛支行银行借款。

原始凭证 1-5-35　　　　借款收据（收账通知）

2008 年 12 月 10 日

借款单位	四川天一有限公司	借款单位账号	89—356
借款金额	人民币（大写）　贰拾万元整		
借款用途	生产经营		
借款期限	期限六个月，于 2009 年 6 月 9 日到期		
上列借款已批准发放，转入 你单位存款账户 银行签章	主管　　会计 复核　　记账 年　月　日		

（11）10 日，职工张力报销差旅费。

原始凭证 1－5－36　　**四川天一有限公司差旅费报销单**　　第 4 号

2008 年 12 月 10 日

<table>
<tr><td colspan="2">出差人姓名</td><td colspan="3">张力</td><td colspan="2">出差事由</td><td>销售</td><td rowspan="6">报销单据</td><td>项目</td><td>张数</td><td>金额</td></tr>
<tr><td colspan="3">起 程</td><td colspan="3">到 达</td><td rowspan="2">车机船费</td><td rowspan="2">硬卧补助</td><td>住宿</td><td>1</td><td>300.00</td></tr>
<tr><td>月</td><td>日</td><td>地点</td><td>月</td><td>日</td><td>地点</td><td></td><td></td><td></td></tr>
<tr><td>12</td><td>5</td><td>成都</td><td>12</td><td>6</td><td>大连</td><td>250.00</td><td>100.00</td><td></td><td></td><td></td></tr>
<tr><td>12</td><td>7</td><td>大连</td><td>12</td><td>8</td><td>成都</td><td>250.00</td><td>100.00</td><td></td><td></td><td></td></tr>
<tr><td></td><td></td><td></td><td></td><td></td><td></td><td></td><td></td><td>小计</td><td></td><td></td></tr>
<tr><td colspan="2">补贴</td><td colspan="2">4 天</td><td colspan="2">每天补贴</td><td colspan="2">80.00</td><td colspan="2">合计补贴</td><td colspan="2">320.00</td></tr>
<tr><td colspan="3">报销合计</td><td colspan="7">（大写）壹仟叁佰贰拾元整　　¥1 320.00</td><td>预借款</td><td>2 000.00</td></tr>
<tr><td colspan="2">备注</td><td colspan="4"></td><td colspan="2">应退回现金</td><td colspan="4">680.00</td></tr>
</table>

主管领导：郑成　　会计主管：李伟　　报销人：张力

（12）10 日，发料。

原始凭证 1－5－37　　**四川天一有限公司发出材料汇总表**

附件 14 张　　2008 年 12 月 10 日　　单位：元

领料部门及用途	A 材料	B 材料	C 材料	合 计
生产——甲产品	40 000.00	30 000.00	20 000.00	90 000.00
生产——乙产品	30 000.00	20 000.00	10 000.00	60 000.00
车间一般耗用	1 000.00	500.00	500.00	2 000.00
厂部一般耗用	500.00	300.00	200.00	1 000.00
合 计	71 500.00	50 800.00	30 700.00	153 000.00

制单：刘平

（13）11 日，归还工商银行成都金牛支行借款。

原始凭证 1－5－38

中国工商银行转账支票存根

支票号码　川工 48625

科目

对方科目

签发日期 2008 年 12 月 6 日

收款人：工商银行成都金牛支行
金额：300 000.00
用途：归还借款
备注：

（14）16 日，向成都飞飞有限公司销售产品。

原始凭证 1-5-39

四川省增值税专用发票

开票日期：2008 年 12 月 16 日　　　　发票号码 NO. 389

<table>
<tr><td rowspan="2">购货单位</td><td>名称</td><td colspan="5">成都飞飞有限公司</td><td colspan="5">纳税人登记号</td><td colspan="8">6712</td></tr>
<tr><td>地址</td><td colspan="5"></td><td colspan="5">开户银行及账号</td><td colspan="8">成都市建设银行成华区支行
账号 95—863314</td></tr>
<tr><td rowspan="2" colspan="2">商品或劳务名称</td><td rowspan="2">单位</td><td rowspan="2">数量</td><td rowspan="2">单价</td><td colspan="7">价款金额</td><td rowspan="2">税率</td><td colspan="7">税款金额</td></tr>
<tr><td>万</td><td>千</td><td>百</td><td>十</td><td>元</td><td>角</td><td>分</td><td>万</td><td>千</td><td>百</td><td>十</td><td>元</td><td>角</td><td>分</td></tr>
<tr><td colspan="2">甲产品</td><td>件</td><td>40</td><td>1 000.00</td><td>4</td><td>0</td><td>0</td><td>0</td><td>0</td><td>0</td><td>0</td><td>17</td><td></td><td>6</td><td>8</td><td>0</td><td>0</td><td>0</td><td>0</td></tr>
<tr><td colspan="2">乙产品</td><td>件</td><td>60</td><td>500.00</td><td>3</td><td>0</td><td>0</td><td>0</td><td>0</td><td>0</td><td>0</td><td>17</td><td></td><td>5</td><td>1</td><td>0</td><td>0</td><td>0</td><td>0</td></tr>
<tr><td colspan="2">合计</td><td></td><td></td><td></td><td>7</td><td>0</td><td>0</td><td>0</td><td>0</td><td>0</td><td>0</td><td></td><td>1</td><td>1</td><td>9</td><td>0</td><td>0</td><td>0</td><td>0</td></tr>
<tr><td colspan="20">价税合计（大写）捌万壹仟玖佰整　　　　（小写）￥81 900.00</td></tr>
<tr><td rowspan="2">销货单位</td><td>名称</td><td colspan="5">四川天一有限公司</td><td colspan="5">纳税人登记号</td><td colspan="8">9186</td></tr>
<tr><td>地址</td><td colspan="5"></td><td colspan="5">开户银行及账号</td><td colspan="8">成都市工商银行金牛支行
账号 89—356</td></tr>
</table>

收款人　　　　开票单位（未盖章无效）

原始凭证 1-5-40

中国工商银行进账单　（回电或收账通知）1

2008 年 12 月 16 日　　　　第 7 号

<table>
<tr><td rowspan="3">付款单位</td><td>名称</td><td>成都飞飞有限公司</td><td rowspan="3">收款单位</td><td>名称</td><td colspan="9">四川天一有限公司</td></tr>
<tr><td>账号</td><td>95—863314</td><td>账号</td><td colspan="9">89—356</td></tr>
<tr><td>开户银行</td><td>成都建设银行成华区支行</td><td>开户银行</td><td colspan="9">成都市工商银行金牛支行</td></tr>
<tr><td rowspan="2" colspan="2">金额</td><td rowspan="2" colspan="3">人民币（大写）　捌万壹仟玖佰整</td><td>百</td><td>十</td><td>万</td><td>千</td><td>百</td><td>十</td><td>元</td><td>角</td><td>分</td></tr>
<tr><td></td><td>￥</td><td>8</td><td>1</td><td>9</td><td>0</td><td>0</td><td>0</td><td>0</td></tr>
<tr><td colspan="2">票据张数</td><td colspan="3">1</td><td rowspan="3" colspan="9">收款单位开户行盖章</td></tr>
<tr><td colspan="2">票据种类</td><td colspan="3"></td></tr>
<tr><td colspan="2">复核</td><td colspan="3">记账</td></tr>
</table>

（15）18 日，购进成都渝中有限公司材料一批。

原始凭证 1－5－41

四川省增值税专用发票

开票日期：2008 年 12 月 18 日　　　　发票号码 NO. 749

<table>
<tr><td rowspan="2">购货单位</td><td>名称</td><td colspan="3">四川天一有限公司</td><td colspan="7">纳税人登记号</td><td colspan="8">9186</td></tr>
<tr><td>地址</td><td colspan="3"></td><td colspan="7">开户银行及账号</td><td colspan="8">成都市工商银行金牛支行，账号 89—356</td></tr>
<tr><td colspan="2" rowspan="2">商品或劳务名称</td><td rowspan="2">单位</td><td rowspan="2">数量</td><td rowspan="2">单价</td><td colspan="7">价款金额</td><td rowspan="2">税率</td><td colspan="7">税款金额</td></tr>
<tr><td>万</td><td>千</td><td>百</td><td>十</td><td>元</td><td>角</td><td>分</td><td>万</td><td>千</td><td>百</td><td>十</td><td>元</td><td>角</td><td>分</td></tr>
<tr><td colspan="2">A 材料</td><td>千克</td><td>90</td><td>80.00</td><td></td><td>7</td><td>2</td><td>0</td><td>0</td><td>0</td><td>0</td><td>17</td><td></td><td>1</td><td>2</td><td>2</td><td>4</td><td>0</td><td>0</td></tr>
<tr><td colspan="2">B 材料</td><td>千克</td><td>60</td><td>90.00</td><td></td><td>5</td><td>4</td><td>0</td><td>0</td><td>0</td><td>0</td><td>17</td><td></td><td></td><td>9</td><td>1</td><td>8</td><td>0</td><td>0</td></tr>
<tr><td colspan="2">合计</td><td></td><td></td><td></td><td>1</td><td>2</td><td>6</td><td>0</td><td>0</td><td>0</td><td>0</td><td></td><td></td><td>2</td><td>1</td><td>4</td><td>2</td><td>0</td><td>0</td></tr>
<tr><td colspan="12">价税合计（大写）壹万肆仟柒佰肆拾贰元整</td><td colspan="8">（小写）￥14 742.00</td></tr>
<tr><td rowspan="2">销货单位</td><td>名称</td><td colspan="3">成都渝中有限公司</td><td colspan="7">纳税人登记号</td><td colspan="8">6823</td></tr>
<tr><td>地址</td><td colspan="3"></td><td colspan="7">开户银行及账号</td><td colspan="8">成都市工商银行锦江支行 账号 65—5897</td></tr>
</table>

收款人　祖记　　　　开票单位（未盖章无效）

原始凭证 1－5－42

四川天一有限公司收料单

收料单位：材料仓库

发票号码：NO. 749　　　　2008 年 12 月 18 日　　　　编号：325

<table>
<tr><td rowspan="2">材料编号</td><td rowspan="2">材料名称</td><td rowspan="2">单位</td><td rowspan="2">数量</td><td rowspan="2">单价</td><td colspan="8">金额</td></tr>
<tr><td>十</td><td>万</td><td>千</td><td>百</td><td>十</td><td>元</td><td>角</td><td>分</td></tr>
<tr><td></td><td>A 材料</td><td>千克</td><td>90</td><td>80.00</td><td></td><td></td><td>7</td><td>2</td><td>0</td><td>0</td><td>0</td><td>0</td></tr>
<tr><td></td><td>B 材料</td><td>千克</td><td>60</td><td>90.00</td><td></td><td></td><td>5</td><td>4</td><td>0</td><td>0</td><td>0</td><td>0</td></tr>
<tr><td></td><td></td><td></td><td></td><td></td><td></td><td></td><td></td><td></td><td></td><td></td><td></td><td></td></tr>
<tr><td>备注</td><td colspan="3"></td><td>合计</td><td></td><td>1</td><td>2</td><td>6</td><td>0</td><td>0</td><td>0</td><td>0</td></tr>
</table>

保管员

原始凭证 1-5-43

中国工商银行托收承付结算凭证

委托日期 2008 年 12 月 18 日　　第 3 号

<table>
<tr><td rowspan="3">收款人</td><td>全 称</td><td>成都渝中有限公司</td><td rowspan="3">付款人</td><td>全 称</td><td colspan="8">四川天一有限公司</td></tr>
<tr><td>账 号</td><td>65—5897</td><td>账 号</td><td colspan="8">89—356</td></tr>
<tr><td>开户银行</td><td>成都市工商银行锦江支行</td><td>开户银行</td><td colspan="8">成都市工商银行金牛支行</td></tr>
<tr><td colspan="4" rowspan="2">人民币（大写）壹万肆仟柒佰肆拾贰元整</td><td>十</td><td>万</td><td>千</td><td>百</td><td>十</td><td>元</td><td>角</td><td>分</td></tr>
<tr><td>¥</td><td>1</td><td>4</td><td>7</td><td>4</td><td>2</td><td>0</td><td>0</td></tr>
<tr><td colspan="2">附件：发票</td><td colspan="2">商品发运情况</td><td colspan="8">合同号码</td></tr>
<tr><td colspan="2">票据 1 张</td><td colspan="2">托运</td><td colspan="8">NO. 0048</td></tr>
<tr><td colspan="4">单位主管
会计复核　　记账</td><td colspan="8">收款人开户行盖章</td></tr>
</table>

（16）18 日，接受成都飞发有限公司投资。

原始凭证 1-5-44

接受投资收据

2008 年 12 月 18 日

<table>
<tr><td colspan="3">投资单位：成都飞发有限公司</td><td colspan="2">投资日期 2008 年 12 月 18 日</td></tr>
<tr><td>投资项目</td><td>原值</td><td>评估价值</td><td>投资期限</td><td>备注</td></tr>
<tr><td>货币资金</td><td>300 000. 00</td><td></td><td>10 年</td><td></td></tr>
<tr><td></td><td></td><td></td><td></td><td></td></tr>
<tr><td colspan="5">投资金额合计人民币（大写）叁拾万元整</td></tr>
</table>

接受单位：四川天一有限公司　　负责人：李力　　制单：王平

原始凭证 1-5-45

中国工商银行进账单　（回电或收账通知）①

2008 年 12 月 18 日　　第 6 号

<table>
<tr><td rowspan="3">付款单位</td><td>名称</td><td colspan="2">成都飞发有限公司</td><td rowspan="3">收款单位</td><td>名称</td><td colspan="8">四川天一有限公司</td></tr>
<tr><td>账号</td><td colspan="2">99—587</td><td>账号</td><td colspan="8">89—356</td></tr>
<tr><td>开户银行</td><td colspan="2">成都市工商银行青羊支行</td><td>开户银行</td><td colspan="8">成都市工商银行金牛支行</td></tr>
<tr><td colspan="2" rowspan="2">金额</td><td rowspan="2">人民币（大写）</td><td rowspan="2" colspan="3">叁拾万元整</td><td>百</td><td>十</td><td>万</td><td>千</td><td>百</td><td>十</td><td>元</td><td>角</td><td>分</td></tr>
<tr><td>¥</td><td>3</td><td>0</td><td>0</td><td>0</td><td>0</td><td>0</td><td>0</td></tr>
<tr><td colspan="2">票据张数</td><td colspan="4">1</td><td colspan="9" rowspan="3">收款单位开户行盖章</td></tr>
<tr><td colspan="2">票据种类</td><td colspan="4">转支</td></tr>
<tr><td colspan="6">复核　　记账</td></tr>
</table>

（17）19 日，对成都风聚有限公司投资。

原始凭证 1－5－46

接受投资收据

2008 年 12 月 19 日

投资单位：四川天一有限公司		投资日期：2008 年 12 月 19 日		
投资项目	原值	评估价值	投资期限	备注
货币资金	200 000.00		5 年	
投资金额合计人民币（大写）贰拾万元整				

接受单位：成都风聚有限公司　　负责人：平李力　　制单：李王平

原始凭证 1－5－47

中国工商银行转账支票存根

支票号码　川工 48646

科目

对方科目

签发日期 2008 年 12 月 19 日

收款人：成都风聚有限公司
金额：200 000.00
用途：对外投资
备注：

（18）20 日，偿还重庆鹏飞有限公司欠款。

原始凭证 1－5－48

中国工商银行电汇凭证（回单）

委托日期：　　2008 年 12 月 20 日　　第 8 号

付款单位	名称	重庆鹏飞有限公司	收款单位	名称	四川天一有限公司						
	账号	58—215		账号	89—356						
	开户银行	重庆市工商银行渝中支行		开户银行	成都市工商银行金牛支行						
金额	人民币（大写）	玖万伍仟元整	百	十	万	千	百	十	元	角	分
				¥	9	5	0	0	0	0	0
汇款用途	偿还欠款										
开户单位（汇入银行盖章）			汇入日期　2008 年 12 月 19 日								

（19）20 日，报销费用。

原始凭证 1－5－49

四川天一有限公司费用报销单

报销日期：2008 年 12 月 20 日　　附件 1 张

<table>
<tr><td>费用项目</td><td>金额</td><td rowspan="4">主管领导意见</td><td rowspan="4">情况属实，同意报销</td></tr>
<tr><td>汽油费</td><td>125.00</td></tr>
<tr><td>租赁费</td><td>350.00</td></tr>
<tr><td></td><td></td></tr>
<tr><td>报销金额合计</td><td>375.00</td><td colspan="2">报销人　　李浩</td></tr>
<tr><td colspan="4">人民币（大写）叁佰柒拾伍元整</td></tr>
</table>

审核：李伟　　出纳：刘英

（20）20 日，提现备用。

原始凭证 1－5－50

中国工商银行现金支票存根

支票号码　川工 61588

科目

对方科目

签发日期 2008 年 12 月 20 日

收款人：四川天一有限公司
金额：5 000.00
用途：备用金
备注：

（21）20 日，报销费用。

原始凭证 1－5－51

四川天一有限公司费用报销单

报销日期：2008 年 12 月 20 日　　附件 1 张

<table>
<tr><td>费用项目</td><td>金额</td><td rowspan="3">主管领导意见</td><td rowspan="3">情况属实，同意报销</td></tr>
<tr><td>招待费</td><td>175.00</td></tr>
<tr><td></td><td></td></tr>
<tr><td>报销金额合计</td><td>175.00</td><td colspan="2">报销人　　李英刘</td></tr>
<tr><td colspan="4">人民币（大写）壹佰柒拾伍元整</td></tr>
</table>

审核：李伟　　出纳：刘英

（22）20 日，发料。

原始凭证 1－5－52

四川天一有限公司发出材料汇总表

附件 18 张　　2008 年 12 月 20 日　　单位：元

领料部门及用途	A 材料	B 材料	C 材料	合 计
生产——甲产品	60 000.00	40 000.00	30 000.00	130 000.00
生产——乙产品	50 000.00	30 000.00	20 000.00	100 000.00
车间一般耗用	2 000.00	1 000.00	500.00	3 500.00
厂部一般耗用	1 000.00	500.00	300.00	1 800.00
合　计	113 000.00	71 500.00	50 800.00	235 300.00

制单：刘平

（23）23 日，收回刘勇欠款。

原始凭证 1－5－53

四川天一有限公司收款收据

2008 年 12 月 23 日

<table>
<tr><td colspan="2">交款单位（或个人）：刘勇</td></tr>
<tr><td colspan="2">事由：收回个人欠款</td></tr>
<tr><td>金额：（大写）贰仟伍佰元整</td><td>（小写）￥2 500.00 元</td></tr>
<tr><td>财务主管　李伟</td><td>收款人　刘英</td></tr>
</table>

（24）25 日，销货现金存入银行。

原始凭证 1－5－54

中国工商银行现金存款单（回单）①

年　月　日　　对方科目

<table>
<tr><td rowspan="3">收款单位</td><td>全 称</td><td>四川天一有限公司</td><td>款项来源</td><td>销货款</td></tr>
<tr><td>账 号</td><td>89—356</td><td>交款单位</td><td>本单位</td></tr>
<tr><td>开户银行</td><td colspan="3">工商银行成都市金牛支行</td></tr>
</table>

<table>
<tr><td rowspan="2">人民币（大写）</td><td rowspan="2">肆万伍仟元整</td><td>千</td><td>百</td><td>十</td><td>万</td><td>千</td><td>百</td><td>十</td><td>元</td><td>角</td><td>分</td></tr>
<tr><td></td><td></td><td>￥</td><td>4</td><td>5</td><td>0</td><td>0</td><td>0</td><td>0</td><td>0</td></tr>
<tr><td rowspan="3">辅币</td><td></td><td colspan="10" rowspan="3">收款人开户行盖章</td></tr>
<tr><td></td></tr>
<tr><td></td></tr>
<tr><td>主币</td><td></td><td colspan="10"></td></tr>
</table>

此联由银行盖章后退回单位

（25）26 日，报销费用。

原始凭证 1－5－55

四川天一有限公司费用报销单

报销日期：　　　　　　2008 年 12 月 26 日　　　　　　附件 1 张

<table>
<tr><td>费用项目</td><td>金额</td><td rowspan="3">主管领导意见</td><td rowspan="3">情况属实，同意报销</td></tr>
<tr><td>邮电费</td><td>275.00</td></tr>
<tr><td></td><td></td></tr>
<tr><td>报销金额合计</td><td>275.00</td><td colspan="2">报销人　李英刘</td></tr>
<tr><td colspan="4">人民币（大写）贰佰柒拾伍元整</td></tr>
</table>

审核：李伟　　　　出纳：刘英

（26）27 日，向成都法克有限公司销售产品一批。

原始凭证 1－5－56

四川省增值税专用发票

开票日期：2008 年 12 月 27 日　　　　发票号码：NO. 390

<table>
<tr><td rowspan="2">购货单位</td><td>名称</td><td colspan="4">成都法克有限公司</td><td colspan="6">纳税人登记号</td><td colspan="8">8903</td></tr>
<tr><td>地址</td><td colspan="4"></td><td colspan="6">开户银行及账号</td><td colspan="8">中国银行成都成华区支行
账号 95—863314</td></tr>
<tr><td colspan="2" rowspan="2">商品或
劳务名称</td><td rowspan="2">单位</td><td rowspan="2">数量</td><td rowspan="2">单价</td><td colspan="7">价款金额</td><td rowspan="2">税率</td><td colspan="7">税款金额</td></tr>
<tr><td>万</td><td>千</td><td>百</td><td>十</td><td>元</td><td>角</td><td>分</td><td>万</td><td>千</td><td>百</td><td>十</td><td>元</td><td>角</td><td>分</td></tr>
<tr><td colspan="2">甲产品</td><td>件</td><td>50</td><td>1 000.00</td><td>5</td><td>0</td><td>0</td><td>0</td><td>0</td><td>0</td><td>0</td><td>17</td><td></td><td>8</td><td>5</td><td>0</td><td>0</td><td>0</td><td>0</td></tr>
<tr><td colspan="2">乙产品</td><td>件</td><td>60</td><td>500.00</td><td>3</td><td>0</td><td>0</td><td>0</td><td>0</td><td>0</td><td>0</td><td>17</td><td></td><td>5</td><td>1</td><td>0</td><td>0</td><td>0</td><td>0</td></tr>
<tr><td colspan="2">合计</td><td></td><td></td><td></td><td>8</td><td>0</td><td>0</td><td>0</td><td>0</td><td>0</td><td>0</td><td></td><td>1</td><td>3</td><td>6</td><td>0</td><td>0</td><td>0</td><td>0</td></tr>
<tr><td colspan="20">价税合计（大写）玖万叁仟陆佰整　　　　（小写）￥93 600.00</td></tr>
<tr><td rowspan="2">销货单位</td><td>名称</td><td colspan="4">四川天一有限公司</td><td colspan="6">纳税人登记号</td><td colspan="8">9186</td></tr>
<tr><td>地址</td><td colspan="4"></td><td colspan="6">开户银行及账号</td><td colspan="8">成都市工商银行金牛支行
账号 89—356</td></tr>
</table>

收款人　　　　　　开票单位（未盖章无效）

（27）28 日，购进成都班能有限公司材料一批。

原始凭证 1－5－57

四川省增值税专用发票

开票日期：2008 年 12 月 28 日　　　　发票号码：NO. 324

购货单位	名称	四川天一有限公司	纳税人登记号	9186
	地址		开户银行及账号	成都市工商银行金牛支行 账号 89—356

商品或劳务名称	单位	数量	单价	价款金额							税率	税款金额						
				万	千	百	十	元	角	分		万	千	百	十	元	角	分
C 材料	千克	800	50.00	4	0	0	0	0	0	0	17		6	8	0	0	0	0
D 材料	千克	500	60.00	3	0	0	0	0	0	0	17		5	1	0	0	0	0
合计				7	0	0	0	0	0	0		1	1	9	0	0	0	0
价税合计（大写）捌万壹仟玖佰整											（小写）¥81 900.00							

销货单位	名称	成都班能有限公司	纳税人登记号	4679
	地址		开户银行及账号	成都市工商银行武侯支行 账号 89—356

收款人　　　　开票单位（未盖章无效）

原始凭证 1－5－58

四川天一有限公司收料单

收料单位：材料仓库

发票号码：NO. 324　　　　2008 年 12 月 28 日　　　　编号：8

材料编号	材料名称	单位	数量	单价	金额							
					十	万	千	百	十	元	角	分
	C 材料	千克	800	50.00		4	0	0	0	0	0	0
	D 材料	千克	500	60.00		3	0	0	0	0	0	0
备注				合计	¥	7	0	0	0	0	0	0

采购人：　　检查员：　　记账员：　　保管员：

（28）31 日，发料。

原始凭证 1－5－59

四川天一有限公司发出材料汇总表

附件 17 张　　2008 年 12 月 31 日　　单位：元

领料部门及用途	A 材料	C 材料	D 材料	合 计
生产——甲产品	20 000.00	10 000.00	10 000.00	40 000.00
生产——乙产品	10 000.00	5 000.00	5 000.00	20 000.00
车间一般耗用	1 000.00	500.00	500.00	2 000.00
厂部一般耗用	500.00	300.00	200.00	1 000.00
合 计	31 500.00	15 800.00	15 700.00	63 000.00

制单：刘平

（29）31 日，分配本月应付职工薪酬及福利费。

原始凭证 1－5－60　四川天一有限公司工资及福利费用分配汇总表

2008 年 12 月 31 日　　单位：元

项目		工资总额	职工福利费（14%）	合计
总账	明细账			
生产成本	甲产品	40 000.00	5 600.00	45 600.00
	乙产品	20 000.00	2 800.00	22 800.00
	小计	60 000.00	8 400.00	68 400.00
制造费用		2 500.00	350.00	2 850.00
管理费用		7 000.00	980.00	7 980.00
合计		69 500.00	9 730.00	79 230.00

制单：刘平

（30）31 日，计算本月固定资产折旧。

原始凭证 1－5－61　四川天一有限公司固定资产折旧计算提取表

2008 年 12 月 31 日　　单位：元

使用部门	资产类别	资产初值	月折旧率	月折旧额
生产车间	机器设备	200 000.00	1%	2 000.00
厂部	办公用房	60 000.00	0.5%	300.00
合计		260 000.00		2 300.00

制单：刘平

（31）31 日，按工时分配制造费用。

原始凭证 1－5－62

四川天一有限公司制造费用分配表

2008 年 12 月 31 日　　　　单位：元

产品	分配标准（工时）	分配率	分配金额	备注
甲产品	6 000	1.035	6 210.00	
乙产品	4 000	1.035	4 140.00	
合计	10 000		10 350.00	

制单：刘平

（32）31 日，计算完工产品的单位成本入库。

原始凭证 1－5－63

四川天一有限公司产品生产成本计算单

2008 年 12 月 31 日　　　　单位：元

成本项目	甲产品 500 件（全部完工）		乙产品 400 件（全部完工）	
	总成本	单位成本	总成本	单位成本
直接材料	260 000.00	520.00	90 000.00	215.00
直接人工	45 600.00	91.20	22 800.00	57.00
制造费用	6 210.00	12.42	4 140.00	10.35
合计	311 810.00	623.62	116 940.00	292.35

制单：刘平

原始凭证 1－5－64

四川天一有限公司产成品入库单（财会记账联）

2008 年 12 月 31 日　　　　仓库 5 号

品名	计量单位	入库数量	单位成本	总成本							
				十	万	千	百	十	元	角	分
甲产品	件	500	623.62	3	1	1	8	1	0	0	0
乙产品	件	400	292.35	1	1	6	9	4	0	0	0

负责人：　　记账：　　验收：　　经办人：

（33）31 日，计算结转产品销售成本。

原始凭证 1-5-65

四川天一有限公司产品销售成本计算表

2008 年 12 月 31 日　　　　单位：元

产品	单位	销售数量	单位成本	销售总成本	备注
甲产品	件	90	623.62	56 125.80	
乙产品	件	120	292.35	35 082.00	
合计				91 207.80	

制单：刘平

（34）31 日，损益类账户转账。

原始凭证 1-5-66

四川天一有限公司结转“本年利润”明细表

2008 年 12 月 31 日

账户名称	转入贷方金额	账户名称	转入借方金额
主营业务收入	175 500.00	主营业务成本	91 207.80
管理费用	9 105.00		
营业费用	17 140.00		
财务费用			
合计	175 500.00	合计	117 452.80

制单：

四、实训要求

（一）熟悉实训资料（二）中经济业务发生的原因、条件、制度规定和情况，逐笔填制原始凭证，逐笔检查业务手续是否齐全、完备。

（二）将实训资料（三）中的各项经济业务与原始凭证进行核对，审核原始凭证基本内容的真实性、合法性、准确性和手续制度的完备，对存在问题的凭证作出“△”标记；指出有“△”标记的原始凭证存在的问题，提出处理意见。

（三）办理符合要求的原始凭证的会计手续；业务真实但不符合要求的原始凭证予以退回补正；不合法的原始凭证，指出错误，拒绝接受办理。根据审核结果填制“原始凭证审核意见表”。(表 1-5-1)

表1-5-1　　四川天一有限公司原始凭证审核意见表

会计事项题号	是否存在问题	处理意见

（四）对实训资料（四）中的原始凭证逐一进行审核。

（五）以每旬末为记账凭证的填制日期，对实训资料（四）中的原始凭证逐笔编制通用记账凭证（表1-5-2），编制的记账凭证按月连续编号。

表1-5-2　　通 用 记 账 凭 证

年　月　日　　凭证编号______

摘　要	总账科目	明细科目	记账	借方金额							贷方金额						
				万	千	百	十	元	角	分	万	千	百	十	元	角	分
合　计																	

会计主管人员：　记账：　稽核：　制单：　出纳：　缴款人：

（六）对记账凭证按旬进行汇总，填制“科目汇总表”。（表1-5-3）

表1-5-3　　科 目 汇 总 表

年　月　日　　科汇　　号

会 计 科 目	总账页数	本 期 发 生 额		记账凭证起止号
		借方	贷方	
合　计				

（七）根据实训资料（四）按旬逐笔填制专用记账凭证：收款凭证（表1-5-4）、付款凭证（表1-5-5）、转账凭证（表1-5-6），以旬末为记账凭证的填制日期。

表1-5-4　　收　款　凭　证

借方科目　　年　月　日　　收字第　号

<table>
<tr><td rowspan="2">摘　要</td><td colspan="2">贷方科目</td><td colspan="9">金　额</td><td rowspan="2">账页</td></tr>
<tr><td>一级科目</td><td>明细科目</td><td>百</td><td>十</td><td>万</td><td>千</td><td>百</td><td>十</td><td>元</td><td>角</td><td>分</td></tr>
<tr><td></td><td></td><td></td><td></td><td></td><td></td><td></td><td></td><td></td><td></td><td></td><td></td><td></td></tr>
<tr><td></td><td></td><td></td><td></td><td></td><td></td><td></td><td></td><td></td><td></td><td></td><td></td><td></td></tr>
<tr><td></td><td></td><td></td><td></td><td></td><td></td><td></td><td></td><td></td><td></td><td></td><td></td><td></td></tr>
</table>

会计主管：　记账：　出纳：　审核：　制证：

表1-5-5　　付　款　凭　证

贷方科目　　年　月　日　　付字第　号

<table>
<tr><td rowspan="2">摘　要</td><td colspan="2">借方科目</td><td colspan="9">金　额</td><td rowspan="2">账页</td></tr>
<tr><td>一级科目</td><td>明细科目</td><td>百</td><td>十</td><td>万</td><td>千</td><td>百</td><td>十</td><td>元</td><td>角</td><td>分</td></tr>
<tr><td></td><td></td><td></td><td></td><td></td><td></td><td></td><td></td><td></td><td></td><td></td><td></td><td></td></tr>
<tr><td></td><td></td><td></td><td></td><td></td><td></td><td></td><td></td><td></td><td></td><td></td><td></td><td></td></tr>
<tr><td></td><td></td><td></td><td></td><td></td><td></td><td></td><td></td><td></td><td></td><td></td><td></td><td></td></tr>
</table>

会计主管：　记账：　出纳：　审核：　制证：

表1-5-6　　转　账　凭　证

年　月　日　　付字第　号

<table>
<tr><td rowspan="2">摘　要</td><td colspan="2">会计科目</td><td colspan="9">金　额</td><td rowspan="2">账页</td></tr>
<tr><td>一级科目</td><td>明细科目</td><td>百</td><td>十</td><td>万</td><td>千</td><td>百</td><td>十</td><td>元</td><td>角</td><td>分</td></tr>
<tr><td></td><td></td><td></td><td></td><td></td><td></td><td></td><td></td><td></td><td></td><td></td><td></td><td></td></tr>
<tr><td></td><td></td><td></td><td></td><td></td><td></td><td></td><td></td><td></td><td></td><td></td><td></td><td></td></tr>
<tr><td></td><td></td><td></td><td></td><td></td><td></td><td></td><td></td><td></td><td></td><td></td><td></td><td></td></tr>
</table>

会计主管：　记账：　出纳：　审核：　制证：

（八）按旬编制汇总记账凭证：

（1）根据收款凭证汇总编制以现金、银行存款的借方设置的汇总收款凭证（表1-5-7）；

表1-5-7　　汇　总　收　款　凭　证　　收汇字　号

借方科目　　年　月　日至　日　　收款凭证自第　号至　号

贷 方 科 目	金　额	总 账 页 次

会计主管：　记账：　审核：　制证：

（2）根据付款凭证汇总编制以现金、银行存款的贷方设置的汇总付款凭证（表1－5－8）；

表1－5－8　　汇　总　付　款　凭　证　　付汇字　　号

贷方科目　　年　月　日至　日　　付款凭证自第　　号至　　号

借　方　科　目	金　　额	总账页次

会计主管：　　记账：　　审核：　　制证：

（3）根据转账凭证汇总编制以各贷方科目设置的汇总转账凭证（表1－5－9）；

表1－5－9　　汇　总　转　账　凭　证　　转汇字　　号

年　月　日至　日　　转账凭证自第　　号至　　号

会计科目	借方金额	贷方金额	总账页次

会计主管：　　记账：　　审核：　　制证：

实训六　会计账簿

一、知识要点

（一）会计账簿是以一定格式的账页组成的，以经过审核的会计凭证为依据，全面、系统、连续地记录各项经济业务的簿籍。设置和登记账簿，是编制会计报表的基础，是连接会计凭证与会计报表的中间环节，是会计核算的一种专门方法。

（二）会计账簿按用途不同分为序时账簿、分类账簿和备查账簿，按外表形式的不同分为订本式账簿、活页式账簿和卡片式账簿，按账页格式不同分为两栏式、三栏式、多栏式和数量金额式四种。

二、实训目标

（一）掌握日记账的登记方法和技能：日记账按经济业务发生的时间先后顺序逐日逐笔登记和日清月结；日期清楚、摘要简洁明确、书写正确地登记三栏式现金日记账和银行存款日记账；填写日记账簿启用登记表。

（二）掌握明细分类账的登记方法与技能：明确三栏式明细分类账、数量金额式明细分类账、多栏式明细分类账三种账页各自适宜设置哪些账户，会登记三栏式明细分类账、数量金额式明细分类账和多栏式明细分类账。

（三）掌握总分类账的登记方法与技能：直接根据各种记账凭证登记总分类账的方法与技能；将一定时间的各种记账凭证汇总编制科目汇总表后，再根据科目汇总表登记总账的记账方法与技能。

（四）掌握结账和对账的方法和技能：以权责发生制的原则调整和结转有关账项；登记账户本期发生额和期末余额；对月份、季度和年度结账作标记；实践账证核对、账账核对。

三、实训资料

（一）四川天一有限公司2010年12月份发生的经济业务如下：

（1）提取现金5 000元。

原始凭证1-6-1

中国工商银行现金支票存根

支票号码　川工61588

科目

对方科目

签发日期 2010年12月1日

收款人：四川天一有限公司
金额：5 000.00
用途：备用金
备注：

（2）向成都鹏程有限公司购入材料，转账付款585 000元。

原始凭证1-6-2　　**四川省增值税专用发票**

开票日期：2010年12月2日　　发票号码：NO.568

购货单位	名称	四川天一有限公司												纳税人登记号	9186						
	地址													开户银行及账号	成都市工商银行金牛支行 账号89—356						
商品或劳务名称		单位	数量	单价	价款金额								税率（%）	税款金额							
					十	万	千	百	十	元	角	分		万	千	百	十	元	角	分	
A材料		吨	100	4 000.00	4	0	0	0	0	0	0	0	17	6	8	0	0	0	0	0	
B材料		吨	20	5 000.00	1	0	0	0	0	0	0	0	17	1	7	0	0	0	0	0	
合计					5	0	0	0	0	0	0	0		8	5	0	0	0	0	0	
价税合计（大写）伍拾捌万伍仟元整													（小写）￥585 000.00								
销货单位	名称	成都鹏程有限公司												纳税人登记号	4738						
	地址													开户银行及账号	成都市建设银行武侯支行 账号88—358						

收款人　　开票单位（未盖章无效）

原始凭证 1－6－3

中国工商银行转账支票存根
支票号码 川工 72568
科目
对方科目
签发日期 2010 年 12 月 2 日
收款人：成都鹏程有限公司
金额：585 000.00
用途：材料款
备注：

（3）现金支付购入材料的运费 4 800 元。

原始凭证 1－6－4 **运杂费结算收据**

2010 年 12 月 2 日

托运单位	四川天一有限公司			托运地点	本公司
货物名称	件数	计费量	吨公里	运费金额	
A 材料	200	100 吨	1 200	4 800.00	
B 材料	40	20 吨	240	大写（人民币）：肆仟捌佰元整	

主管： 会计： 复核： 开票：

原始凭证 1－6－5 **四川天一有限公司运费分配表**

2010 年 12 月 2 日

材料名称	分配标准（吨）	分配率	金额
A 材料	100		4 000.00
B 材料	20		800.00
合计	120	40	4 800.00

制表：刘平

（4）材料验收入库，结转采购成本。

原始凭证 1－6－6 **四川天一有限公司材料采购成本计算单**

2010 年 12 月 2 日 金额单位：元

名称	单位	数量	单价	买价	运杂费	采购总成本	单位成本
A 材料	吨	100	4 000.00	400 000.00	4 000.00	404 000.00	4 040.00
B 材料	吨	20	5 000.00	100 000.00	800.00	100 800.00	5 040.00
合计		120		500 000.00	4 800.00	504 800.00	

制表 刘平

原始凭证 1－6－7

四川天一有限公司材料入库单

供货单位：成都鹏程有限公司　　　　编号：1014

发票号码：　　　　2010 年 12 月 2 日　　　　仓库：本厂

编号	材料名称	单位	数量实收	实际价格			
				单价	发票金额	运杂费用	合计
	A 材料	吨	100	404.00	400 000.00	4 000.00	404 000.00
	B 材料	吨	20	504.00	100 000.00	800.00	100 800.00
	合计		120		500 000.00	4 800.00	504 800.00

质量检验记录	制造日期	合格证号	质量状况	检查结论
	年　月	甲 015	优	同意入库

采购人：　　检验员：　　记账员：　　保管员：　　王平

（5）购买办公用品交付公司办公室使用。

原始凭证 1－6－8

四川天一有限公司费用报销单

报销日期：　　　　2010 年 12 月 3 日　　　　附件 1 张

费用项目	金额		
公司办公费	500.00	主管领导意见	情况属实，同意报销
报销金额合计	500.00	报销人　李英刘	
人民币（大写）伍佰元整			

审核：李伟　　　　出纳：刘英

原始凭证 1－6－9

商业零售统一发票

购货单位：四川天一有限公司　　　　2010 年 12 月 3 日　　　　税字第 2 号

品名	单位	数量	单价	金额							
				十	万	千	百	十	元	角	分
A4 打印纸	盒	4	75.00				3	0	0	0	0
墨粉	盒	1	200.00				2	0	0	0	0
人民币合计（大写）伍佰元整						¥	5	0	0	0	0

销货单位：成都第一百货商店　　　　收款：贺珍　　　　制单：杨晾

（6）生产领用材料。

原始凭证 1-6-10

四川天一有限公司领料单

领料部门：一车间　　2010 年 12 月 6 日　　审批：同意

名称	单位	数量	单价	金额	用途
A 材料	吨	50	4 040.00	202 000.00	生产甲产品
B 材料	吨	50	5 040.00	252 000.00	生产甲产品
主管　王广		发料人　李胜		领料人　陈其	

原始凭证 1-6-11

四川天一有限公司领料单

领料部门：二车间　　2010 年 12 月 6 日　　审批：同意

名称	单位	数量	单价	金额	用途
A 材料	吨	40	4 040.00	161 600.00	生产乙产品
B 材料	吨	20	5 040.00	100 800.00	生产乙产品
主管　王广		发料人　许成		领料人　陈燕	

（7）收到上月销货款存入银行。

原始凭证 1-6-12

中国工商银行进账单（收账通知）

2010 年 12 月 7 日　　第 9 号

收款人	全　称	四川天一有限公司	付款人	全　称	成都渝成有限公司								
	账　号	89—356		账　号	48—467								
	开户银行	成都市工商银行金牛支行		开户银行	成都工商银行成华区支行								
人民币（大写）	壹拾叁万元整			千	百	十	万	千	百	十	元	角	分
					¥	1	3	0	0	0	0	0	0
票据种类	1			收款人开户行盖章									
票据张数	转支												
单位主管	会计	复核	记账										

此联是收款人开户银行交收款人的收账通知

（8）销售产品给成都天金有限公司，货款存入银行。

原始凭证 1-6-13

四川省增值税专用发票

开票日期：2010 年 12 月 8 日　　　　发票号码：NO. 389

<table>
<tr><td rowspan="2">购货单位</td><td>名称</td><td colspan="6">成都天金有限公司</td><td colspan="3">纳税人登记号</td><td colspan="8">4563</td></tr>
<tr><td>地址</td><td colspan="6"></td><td colspan="3">开户银行及账号</td><td colspan="8">成都农业银行成华区支行
账号 35—2986</td></tr>
<tr><td colspan="2" rowspan="2">商品或劳务名称</td><td rowspan="2">单位</td><td rowspan="2">数量</td><td rowspan="2">单价</td><td colspan="8">价款金额</td><td rowspan="2">税率</td><td colspan="7">税款金额</td></tr>
<tr><td>十</td><td>万</td><td>千</td><td>百</td><td>十</td><td>元</td><td>角</td><td>分</td><td>万</td><td>千</td><td>百</td><td>十</td><td>元</td><td>角</td><td>分</td></tr>
<tr><td colspan="2">甲产品</td><td>件</td><td>800</td><td>500.00</td><td>4</td><td>0</td><td>0</td><td>0</td><td>0</td><td>0</td><td>0</td><td>0</td><td>17</td><td>6</td><td>8</td><td>0</td><td>0</td><td>0</td><td>0</td><td>0</td></tr>
<tr><td colspan="2">乙产品</td><td>件</td><td>250</td><td>400.00</td><td>1</td><td>0</td><td>0</td><td>0</td><td>0</td><td>0</td><td>0</td><td>0</td><td>17</td><td>1</td><td>7</td><td>0</td><td>0</td><td>0</td><td>0</td><td>0</td></tr>
<tr><td colspan="2">合计</td><td></td><td></td><td></td><td>5</td><td>0</td><td>0</td><td>0</td><td>0</td><td>0</td><td>0</td><td>0</td><td></td><td>8</td><td>5</td><td>0</td><td>0</td><td>0</td><td>0</td><td>0</td></tr>
<tr><td colspan="21">价税合计（大写）伍拾捌万伍仟元整　　　　（小写）￥585 000.00</td></tr>
<tr><td rowspan="2">销货单位</td><td>名称</td><td colspan="6">四川天一有限公司</td><td colspan="3">纳税人登记号</td><td colspan="8">9186</td></tr>
<tr><td>地址</td><td colspan="6"></td><td colspan="3">开户银行及账号</td><td colspan="8">成都市工商银行金牛支行，
账号 89—356</td></tr>
</table>

收款人　　　　开票单位（未盖章无效）

原始凭证 1-6-14

中国工商银行进账单（收账通知）

2010 年 12 月 8 日　　　　第 10 号

<table>
<tr><td rowspan="3">收款人</td><td>全　称</td><td colspan="2">四川天一有限公司</td><td rowspan="3">付款人</td><td>全　称</td><td colspan="10">成都天金有限公司</td></tr>
<tr><td>账　号</td><td colspan="2">89—356</td><td>账　号</td><td colspan="10">35—2986</td></tr>
<tr><td>开户银行</td><td colspan="2">成都市工商银行金牛支行</td><td>开户银行</td><td colspan="10">成都农业银行</td></tr>
<tr><td colspan="5" rowspan="2">人民币（大写）伍拾捌万伍仟元整</td><td>千</td><td>百</td><td>十</td><td>万</td><td>千</td><td>百</td><td>十</td><td>元</td><td>角</td><td>分</td></tr>
<tr><td></td><td>￥</td><td>5</td><td>8</td><td>5</td><td>0</td><td>0</td><td>0</td><td>0</td><td>0</td></tr>
<tr><td colspan="2">票据种类</td><td colspan="3">1</td><td colspan="10" rowspan="2">收款人开户行盖章</td></tr>
<tr><td colspan="2">票据张数</td><td colspan="3">转支</td></tr>
<tr><td colspan="15">单位主管　　会计　　复核　　记账</td></tr>
</table>

（9）支付成都鹏程有限公司上月材料款。

原始凭证 1－6－15

中国工商银行转账支票存根
支票号码　川工 48643
科目
对方科目
签发日期 2010 年 12 月 6 日

收款人：成都鹏程有限公司
金额：72 600.00
用途：购材料
备注：

（10）支付成都商报社报纸广告费。

原始凭证 1－6－16

成都市广告业专用发票

客户：四川天一有限公司　　2010 年 12 月 10 日　　地税 A 字 56 号

项目	单位	数量	单价	金额							
				十	万	千	百	十	元	角	分
报纸广告	千字	40	12.00				4	8	0	0	0
合计（大写）肆佰捌拾元整						¥	4	8	0	0	0

收款人单位盖章：　　开票人：朱明　　收款人：蔡忠

原始凭证 1－6－17

中国工商银行现金支票存根
支票号码　川工 48643
科目
对方科目
签发日期 2010 年 12 月 10 日

收款人：成都商报
金额：480.00
用途：广告费
备注：

（11）支付成都经济电视台电视广告费。

原始凭证 1－6－18

成都市广告业专用发票

客户：四川天一有限公司　　2010 年 12 月 10 日　　地税 A 字 56 号

项目	单位	数量	单价	金额							
				十	万	千	百	十	元	角	分
电视广告	秒	30	150.00			4	5	0	0	0	0
合计（大写）肆仟伍佰元整					¥	4	5	0	0	0	0

收款人单位盖章：　　开票人：明忠　　收款人：李忠

原始凭证 1－6－19

中国工商银行转账支票存根

支票号码　川工 48643

科目

对方科目

签发日期 2010 年 12 月 10 日

收款人：成都经济电视台
金额：4 500.00
用途：广告费
备注：

（12）支付成都铁东修理厂维修一车间机床修理费。

原始凭证 1－6－20

工业加工修理统一发票

委托单位：四川天一有限公司　　2010 年 12 月 12 日　　税字第 4 号

品名	单位	数量	单价	金额							
				十	万	千	百	十	元	角	分
机床修理	台	2	800.00			1	6	0	0	0	0
人民币合计（大写）壹仟陆佰元整					¥	1	6	0	0	0	0

修理单位：成都铁东修理厂　　收款：于晴　　制单：李表

原始凭证 1－6－21

中国工商银行转账支票存根
支票号码　川工 486434
科目
对方科目
签发日期 2010 年 12 月 12 日
收款人：成都铁东修理厂
金额：1 600.00
用途：机床修理费
备注：

（13）购买办公用品交付公司财务部使用。

原始凭证 1－6－22

商业零售统一发票

购货单位：四川天一有限公司　　2010 年 12 月 13 日　　税字第 2 号

品名	单位	数量	单价	金额							
				十	万	千	百	十	元	角	分
账　页	本	20	15.00				3	0	0	0	0
账　薄	本	10	20.00				2	0	0	0	0
人民币合计（大写）伍佰元整						¥	5	0	0	0	0

销货单位：成都第一百货商店　　收款：廖伟　　制单：宋超

原始凭证 1－6－23

中国工商银行转账支票存根
支票号码　川工 486435
科目
对方科目
签发日期 2010 年 12 月 13 日
收款人：成都第一百货商店
金额：500.00
用途：购用品
备注：

（14）报销餐费。

原始凭证 1－6－24

四川天一有限公司费用报销单

报销日期：　　2010 年 12 月 14 日　　附件 1 张

费用项目	金额	主管领导意见	情况属实，同意报销
餐费	850.00		
报销金额合计	850.00	报销人　李英刘	
人民币（大写）捌佰伍十元整			

审核：李伟　　出纳：刘英

原始凭证 1－6－25

饮食业统一发票

客户：四川天一有限公司　　2010 年 12 月 14 日　　税字第 3 号

品名	单位	数量	单价	金额							
				十	万	千	百	十	元	角	分
餐费							8	5	0	0	0
人民币合计（大写）捌佰伍拾元						¥	8	5	0	0	0

（15）提取现金 10 000 元备用。

原始凭证 1－6－26

中国工商银行现金支票存根

支票号码　川工 48644

科目

对方科目

签发日期 2010 年 12 月 14 日

收款人：四川天一有限公司
金额：10 000.00
用途：备用金
备注：

（16）购买办公用品交付生产车间使用。

原始凭证 1－6－27

四川天一有限公司费用报销单

报销日期：　　2010 年 12 月 15 日　　附件 1 张

费用项目	金额	主管领导意见	情况属实，同意报销
车间办公费	200.00		
报销金额合计	200.00	报销人　李英	
人民币（大写）贰佰元整			

审核：李伟　　出纳：刘英

原始凭证 1－6－28

商业零售统一发票

购货单位：四川天一有限公司　　2010 年 12 月 15 日　　税字第 29 号

品名	单位	数量	单价	金额							
				十	万	千	百	十	元	角	分
记录本	本	10	10.00				1	0	0	0	0
记录笔	盒	5	20.00				1	0	0	0	0
人民币合计（大写）贰佰元整						¥	2	0	0	0	0

销货单位：成都第一百货商店　　收款：廖伟　　制单：宋超

（17）现金支付销售部于志广出差预借差旅费。

原始凭证 1－6－29

四川天一有限公司借款单

2010 年 12 月 16 日

姓名	于志广		部门		公司销售部
借款原因	参加销货会				
借支金额	人民币（大写）贰仟元整　　¥2 000.00				
领导审批	同意借支	财会意见	同意	出纳	

借款人签名：于志广

（18）现金支付刻业务专用章款。

原始凭证 1－6－30

四川天一有限公司费用报销单

报销日期：　　2010 年 12 月 17 日　　附件 1 张

费用项目	金额	主管领导意见	情况属实，同意报销
刻业务专用章	50.00		
报销金额合计	50.00	报销人　李英	
人民币（大写）伍拾元整			

审核：李伟　　出纳：刘英

原始凭证 1－6－31

服务行业统一发票

客户：四川天一有限公司　　2010 年 12 月 17 日　　税字第 3 号

品名	单位	数量	单价	金额							
				十	万	千	百	十	元	角	分
刻业务专用章								5	0	0	0
人民币合计（大写）伍拾元整							¥	5	0	0	0

（19）收到成都鲲鹏有限公司上月销货款 84 000 元，存入银行。

原始凭证 1－6－32

中国工商银行进账单（收账通知）

2010 年 12 月 18 日　　第 19 号

收款人	全　称	四川天一有限公司	付款人	全　称	成都鲲鹏有限公司									
	账　号	89—356		账　号	85—6843									
	开户银行	成都市工商银行金牛支行		开户银行	成都农业银行金牛区支行									
人民币（大写）	捌万肆仟元整			千	百	十	万	千	百	十	元	角	分	
						¥	8	4	0	0	0	0	0	
票据种类	1			收款人开户行盖章										
票据张数	转支													
单位主管	会计	复核	记账											

此联是收款人开户银行交收款人的收账通知

（20）向成都鲲鹏有限公司销售产品，货款尚未收到。

原始凭证 1－6－33 **四川省增值税专用发票**

开票日期：2010 年 12 月 18 日 发票号码：NO. 389

<table>
<tr><td rowspan="2">购货单位</td><td>名称</td><td colspan="3">成都鲲鹏有限公司</td><td colspan="8">纳税人登记号</td><td colspan="8">8931</td></tr>
<tr><td>地址</td><td colspan="3"></td><td colspan="8">开户银行及账号</td><td colspan="8">成都农业银行金牛区支行
账号 85—6843</td></tr>
<tr><td colspan="2" rowspan="2">商品或劳务名称</td><td rowspan="2">单位</td><td rowspan="2">数量</td><td rowspan="2">单价</td><td colspan="8">价 款 金 额</td><td rowspan="2">税率</td><td colspan="7">税 款 金 额</td></tr>
<tr><td>十</td><td>万</td><td>千</td><td>百</td><td>十</td><td>元</td><td>角</td><td>分</td><td>万</td><td>千</td><td>百</td><td>十</td><td>元</td><td>角</td><td>分</td></tr>
<tr><td colspan="2">甲产品</td><td>件</td><td>800</td><td>500.00</td><td>4</td><td>0</td><td>0</td><td>0</td><td>0</td><td>0</td><td>0</td><td>0</td><td>17</td><td>6</td><td>8</td><td>0</td><td>0</td><td>0</td><td>0</td><td>0</td></tr>
<tr><td colspan="2">乙产品</td><td>件</td><td>250</td><td>400.00</td><td>1</td><td>0</td><td>0</td><td>0</td><td>0</td><td>0</td><td>0</td><td>0</td><td>17</td><td>1</td><td>7</td><td>0</td><td>0</td><td>0</td><td>0</td><td>0</td></tr>
<tr><td colspan="2">合计</td><td></td><td></td><td></td><td>5</td><td>0</td><td>0</td><td>0</td><td>0</td><td>0</td><td>0</td><td>0</td><td></td><td>8</td><td>5</td><td>0</td><td>0</td><td>0</td><td>0</td><td>0</td></tr>
<tr><td colspan="13">价税合计（大写）伍拾捌万伍仟元整</td><td colspan="8">（小写）￥585 000.00</td></tr>
<tr><td rowspan="2">销货单位</td><td>名称</td><td colspan="3">四川天一有限公司</td><td colspan="8">纳税人登记号</td><td colspan="8">9186</td></tr>
<tr><td>地址</td><td colspan="3"></td><td colspan="8">开户银行及账号</td><td colspan="8">成都市工商银行金牛支行
账号 89—356</td></tr>
</table>

收款人 王记 开票单位（未盖章无效）

（21）采购成都鹏程有限公司材料一批，货款未付。

原始凭证 1－6－34 **四川省增值税专用发票**

开票日期 2010 年 12 月 19 日 编号 NO. 568

<table>
<tr><td rowspan="2">购货单位</td><td>名称</td><td colspan="3">四川天一有限公司</td><td colspan="8">纳税人登记号</td><td colspan="8">9186</td></tr>
<tr><td>地址</td><td colspan="3"></td><td colspan="8">开户银行及账号</td><td colspan="8">成都市工商银行金牛支行
账号 89—356</td></tr>
<tr><td colspan="2" rowspan="2">商品或劳务名称</td><td rowspan="2">单位</td><td rowspan="2">数量</td><td rowspan="2">单价</td><td colspan="8">价 款 金 额</td><td rowspan="2">税率</td><td colspan="7">税 款 金 额</td></tr>
<tr><td>十</td><td>万</td><td>千</td><td>百</td><td>十</td><td>元</td><td>角</td><td>分</td><td>万</td><td>千</td><td>百</td><td>十</td><td>元</td><td>角</td><td>分</td></tr>
<tr><td colspan="2">A 材料</td><td>吨</td><td>100</td><td>4 000.00</td><td>4</td><td>0</td><td>0</td><td>0</td><td>0</td><td>0</td><td>0</td><td>0</td><td>17</td><td>6</td><td>8</td><td>0</td><td>0</td><td>0</td><td>0</td><td>0</td></tr>
<tr><td colspan="2">B 材料</td><td>吨</td><td>20</td><td>5 000.00</td><td>1</td><td>0</td><td>0</td><td>0</td><td>0</td><td>0</td><td>0</td><td>0</td><td>17</td><td>1</td><td>7</td><td>0</td><td>0</td><td>0</td><td>0</td><td>0</td></tr>
<tr><td colspan="2">合计</td><td></td><td></td><td></td><td>5</td><td>0</td><td>0</td><td>0</td><td>0</td><td>0</td><td>0</td><td>0</td><td></td><td>8</td><td>5</td><td>0</td><td>0</td><td>0</td><td>0</td><td>0</td></tr>
<tr><td colspan="13">价税合计（大写）伍拾捌万伍仟元整</td><td colspan="8">（小写）￥585 000.00</td></tr>
<tr><td rowspan="2">销货单位</td><td>名称</td><td colspan="3">成都鹏程有限公司</td><td colspan="8">纳税人登记号</td><td colspan="8">4738</td></tr>
<tr><td>地址</td><td colspan="3"></td><td colspan="8">开户银行及账号</td><td colspan="8">成都市建设银行武侯支行
账号 88—358</td></tr>
</table>

收款人 开票单位（未盖章无效）

（22）银行存款支付成都长城物流有限公司材料运费4 800元。

原始凭证1-6-35　　运杂费结算收据

2010年12月2日

托运单位	四川天一有限公司			托运地点	本公司
货物名称	件数	计费量	吨公里	运费金额	
A材料	200	100吨	1 200	￥4 800.00	
B材料	40	20吨	240	大写（人民币）：肆仟捌佰元整	

主管：　会计：　复核：　开票：

原始凭证1-6-36

中国工商银行转账支票存根

支票号码　川工486436

科目

对方科目

签发日期2010年12月19日

收款人：成都长城物流有限公司
金额：4 800.00
用途：购材料
备注：

原始凭证1-6-37　　四川天一有限公司运费分配表

2010年12月19日

材料名称	分配标准（吨）	分配率	金额
A材料	100		4 000.00
B材料	20		800.00
合计	120	40	4 800.00

制表：刘平

（23）材料验收入库，结转材料采购成本。

原始凭证1-6-38　　四川天一有限公司材料采购成本计算单

2010年12月19日　　金额单位：元

名称	单位	数量	单价	买价	运杂费	采购总成本	单位成本
A材料	吨	100	4 000.00	400 000.00	4 000.00	404 000.00	4 040.00
B材料	吨	20	5 000.00	100 000.00	800.00	100 800.00	5 040.00
合计		120		500 000.00	4 800.00	504 800.00	

制表：刘平

原始凭证 1－6－39

四川天一有限公司材料入库单

供货单位：成都鹏程有限公司　　编号：1014

发票号码：　　2010 年 12 月 19 日　　仓库：本厂

<table>
<tr><td rowspan="2">编号</td><td rowspan="2">材料名称</td><td rowspan="2">单位</td><td rowspan="2">数量实收</td><td colspan="4">实际价格</td></tr>
<tr><td>单价</td><td>发票金额</td><td>运杂费用</td><td>合计</td></tr>
<tr><td></td><td>A 材料</td><td>吨</td><td>100</td><td>404.00</td><td>400 000.00</td><td>4 000.00</td><td>404 000.00</td></tr>
<tr><td></td><td>B 材料</td><td>吨</td><td>20</td><td>504.00</td><td>100 000.00</td><td>800.00</td><td>100 800.00</td></tr>
<tr><td></td><td>合计</td><td></td><td>120</td><td></td><td>500 000.00</td><td>4 800.00</td><td>504 800.00</td></tr>
<tr><td rowspan="2">质量检验记录</td><td colspan="2">制造日期</td><td colspan="2">合格证号</td><td colspan="2">质量状况</td><td>检查结论</td></tr>
<tr><td colspan="2">年　月</td><td colspan="2">甲 015</td><td colspan="2">优</td><td>同意入库</td></tr>
</table>

采购人：　　检验员：　　记账员：　　保管员：王平

（24）提取现金 20 000 元备用。

原始凭证 1－6－40

中国工商银行现金支票存根

支票号码　川工 486445

科目

对方科目

签发日期 2010 年 12 月 20 日

收款人：四川天一有限公司
金额：20 000.00
用途：备用金
备注：

（25）支付成都市供电公司电费。

原始凭证 1－6－41　　**成都市供电公司电费收据**

2010 年 12 月 21 日

<table>
<tr><td>用户名称</td><td colspan="2">四川天一有限公司</td><td colspan="2">开户银行及账号</td><td colspan="2"></td></tr>
<tr><td>收费时间</td><td colspan="6">2010 年 11 月 20 日至 2010 年 12 月 20 日</td></tr>
<tr><td>电费项目</td><td>动力电度</td><td>3 000</td><td>计费单价</td><td>0.80</td><td>计费金额</td><td>2 400.00</td></tr>
<tr><td>合计</td><td colspan="6">人民币（大写）贰仟肆佰零拾零元零角零分</td></tr>
</table>

主管：　　抄表：吴卫　　制单：赵松　　盖章

原始凭证 1-6-42

四川天一有限公司外购动力分配表

2010 年 12 月 21 日

项　目	用电量（度）	计费单价	金额	备注
生产车间	2 600	0.80	2 080.00	
厂部	400	0.80	320.00	
合计			2 400.00	

原始凭证 1-6-43

中国工商银行转账支票存根

支票号码　川工 486437

科目

对方科目

签发日期 2010 年 12 月 21 日

收款人：成都市供电公司
金额：2 400.00
用途：电费
备注：

（26）现金支付广成禾出差预借差旅费。

原始凭证 1-6-44

四川天一有限公司借款单

2010 年 12 月 22 日

姓名	广成禾		部门	公司技术部	
借款原因	参加技术洽谈				
借支金额	人民币（大写）壹仟元整　　¥1 000.00				
领导审批	同意借支	财会意见	同意	出纳	

借款人签名：广成禾

(27）销售部于志广报销差旅费。

原始凭证 1－6－45　　　　**四川天一有限公司差旅费报销单**

2010 年 12 月 22 日　　　　第 10 号

<table>
<tr><td colspan="2">出差人姓名</td><td colspan="2">于志广</td><td colspan="2">出差事由</td><td colspan="2">销售供货会</td><td rowspan="6">报销单据</td><td>项目</td><td>张数</td><td>金额</td></tr>
<tr><td colspan="3">起 程</td><td colspan="3">到 达</td><td rowspan="2">车机船费</td><td rowspan="2">硬卧补助</td><td></td><td></td><td></td></tr>
<tr><td>月</td><td>日</td><td>地点</td><td>月</td><td>日</td><td>地点</td><td></td><td></td><td></td></tr>
<tr><td>12</td><td>17</td><td>成都</td><td>12</td><td>17</td><td>武汉</td><td>650.00</td><td></td><td></td><td></td><td></td></tr>
<tr><td>12</td><td>21</td><td>武汉</td><td>12</td><td>21</td><td>成都</td><td>650.00</td><td></td><td></td><td></td><td></td></tr>
<tr><td></td><td></td><td></td><td></td><td></td><td></td><td></td><td></td><td>小计</td><td></td><td></td></tr>
<tr><td colspan="2">补贴</td><td colspan="2">5 天</td><td colspan="2">每天补贴</td><td colspan="2">100.00</td><td colspan="2">合计补贴</td><td colspan="2">500.00</td></tr>
<tr><td colspan="2">报销合计</td><td colspan="8">（大写）壹仟捌佰元整　　（小写）¥1 800.00</td><td>预借款</td><td>2 000.00</td></tr>
<tr><td>备注</td><td colspan="5"></td><td colspan="2">应退回现金</td><td colspan="4">¥200.00</td></tr>
</table>

主管领导：　　　　会计主管：　　　　报销人：

原始凭证 1－6－46　　　　**四川天一有限公司收款收据**

2010 年 12 月 22 日　　　　编号：002456

<table>
<tr><td colspan="2">交款单位（或个人）：于志广</td></tr>
<tr><td colspan="2">摘要：退回结余差旅费</td></tr>
<tr><td colspan="2">人民币（大写）：贰佰元整　　¥200.00</td></tr>
<tr><td>收款单位（盖章）</td><td>收款人</td></tr>
</table>

(28）生产产品领料。

原始凭证 1－6－47　　　　**四川天一有限公司领料单**

领料部门：一车间　　　　2010 年 12 月 22 日　　　　审批：同意

名称	单位	数量	单价	金额	用途
A 材料	吨	20	4 040.00	80 800.00	生产甲产品
B 材料	吨	10	5 040.00	50 400.00	生产甲产品
主管　王广		发料人　李胜		领料人　陈其	

原始凭证 1－6－48　　　　**四川天一有限公司领料单**

领料部门：二车间　　　　2010 年 12 月 22 日　　　　审批：同意

名称	单位	数量	单价	金额	用途
A 材料	吨	40	4 040.00	161 600.00	生产乙产品
B 材料	吨	20	5 040.00	100 800.00	生产乙产品
主管　王广		发料人　许成		领料人　陈燕	

（29）支付下年度的报刊费。

原始凭证 1-6-49

报刊发行专用发票

订购单位：四川天一有限公司　　　　2010 年 12 月 24 日　　　　第　268　号

报刊代号	报刊名称	订阅份数	起止日期	单价	金额							
					十	万	千	百	十	元	角	分
	报纸	20	2011 年 1～12 月	100.00			2	0	0	0	0	0
	杂志	10		80.00				8	0	0	0	0
人民币合计（大写）贰仟捌佰元整						¥	2	8	0	0	0	0

发售单位：成都市邮电局　　　　收款：陈列　　　　制单：杨三

原始凭证 1-6-50

中国工商银行转账支票存根

支票号码　川工 4864379

科目

对方科目

签发日期 2010 年 12 月 24 日

收款人：成都市邮电局
金额：2 800.00
用途：报刊
备注：

（30）销售部报销餐费。

原始凭证 1-6-51

四川天一有限公司费用报销单

报销日期：　　　　2010 年 12 月 25 日　　　　附件 1 张

费用项目	金额	主管领导意见	情况属实，同意报销
餐费	1 850.00		
报销金额合计	1 850.00	报销人　李英刘	
人民币（大写）壹仟捌佰伍拾元整			

审核：李伟　　　　出纳：刘英

原始凭证 1－6－52 **饮食业统一发票**

客户：四川天一有限公司 2010 年 12 月 25 日 税字第 3 号

品名	单位	数量	单价	金额							
				十	万	千	百	十	元	角	分
餐费						1	8	5	0	0	0
人民币合计（大写）壹仟捌佰伍拾元					¥	1	8	5	0	0	0

（31）收到成都天成有限公司违约金，计入营业外收入。

原始凭证 1－6－53 **收款收据**

2010 年 12 月 25 日 编号：002458

交款单位（或个人）：成都天成有限公司		
摘要：撤销购销合同违约金		
人民币（大写）：贰万元整 ¥20 000.00		
收款单位（盖章）	收款人	

原始凭证 1－6－54 **中国工商银行进账单（收账通知）**

2010 年 12 月 25 日 第 25 号

收款人	全称	四川天一有限公司	付款人	全称	成都天成有限公司
	账号	89—356		账号	65—27824
	开户银行	成都市工商银行金牛支行		开户银行	成都农业银行高新区支行

人民币（大写）	千	百	十	万	千	百	十	元	角	分
贰万元整			¥	2	0	0	0	0	0	0

票据种类	1	收款人开户行盖章
票据张数	转支	
单位主管 会计 复核 记账		

（32）向灾区捐款，计入营业外支出。

原始凭证 1－6－55 **成都市民政局收款收据**

2010 年 12 月 25 日

交款单位（或个人）：四川天一有限公司
摘要：向灾区捐款
人民币（大写）：贰万伍仟元整 ¥25 000.00

收款单位：成都市民政局 收款人：李广

原始凭证 1－6－56

中国工商银行转账支票存根
支票号码　川工 4864380
科目
对方科目
签发日期 2010 年 12 月 25 日
收款人：成都市民政局
金额：25 000.00
用途：灾区捐款
备注：

（33）技术部广成禾报销差旅费。

原始凭证 1－6－57

四川天一有限公司差旅费报销单

2010 年 12 月 25 日　　第 11 号

出差人姓名		广成禾		出差事由		技术洽谈		报销单据	项目	张数	金额
起　程			到　达			车机船费	硬卧补助		市内交通	15	180.00
月	日	地点	月	日	地点						
12	22	成都	12	22	重庆	150.00					
12	23	重庆	12	23	成都	150.00					
									小计		
补贴	2 天		每天补贴		100.00			合计补贴		200.00	
报销合计	（大写）陆佰捌拾元整　（小写）¥680.00									预借款	1 000.00
备注				应退回现金				¥320.00			

主管领导：　　　　会计主管：　　　　报销人：

原始凭证 1－6－58

四川天一有限公司收款收据

2010 年 12 月 25 日　　编号：002457

交款单位（或个人）：广成禾		
摘要：退回结余差旅费		
人民币（大写）：叁佰贰拾元整　¥320.00		
收款单位（盖章）	收款人	

（34）发出材料。

原始凭证 1－6－59　　**四川天一有限公司发出材料汇总表**

2010 年 12 月 25 日　　单位：元

领料部门及用途	A 材料（4 040 元/吨）		B 材料（5 040 元/吨）		合计金额
	数量	金额	数量	金额	
甲产品	20	80 800.00	10	50 400.00	131 200.00
乙产品	5	20 200.00	2	10 800.00	31 000.00
一般耗用	5	20 200.00			
管理部门	1	4 040.00			
销售产品	5	20 200.00			
合计	36	145 440.00	12	61 200.00	162 200.00

发料人：钟飞　　收料人：郑非　　保管员：王平

（35）收到成都太发有限公司应收销货款存入银行。

原始凭证 1－6－60　　**中国工商银行进账单（收账通知）**

2010 年 12 月 25 日　　第 29 号

收款人	全　称	四川天一有限公司	付款人	全　称	成都太发有限公司
	账　号	89—356		账　号	68—769
	开户银行	成都市工商银行金牛支行		开户银行	成都招商银行成华区支行

人民币（大写）	千	百	十	万	千	百	十	元	角	分
捌万捌仟元整			¥	8	8	0	0	0	0	0

票据种类	1	收款人开户行盖章
票据张数	转支	

单位主管　　会计　　复核　　记账

此联是收款人开户银行交收款人的收账通知

（36）提取现金备发应付职工薪酬。

原始凭证 1－6－61

中国工商银行现金支票存根

支票号码　川工 486447

科目

对方科目

签发日期 2010 年 12 月 26 日

收款人：四川天一有限公司
金额：40 000.00
用途：工资
备注：

（37）以现金支付应付职工薪酬。

原始凭证 1-6-62

四川天一有限公司 12 月份工资发放表

2010 年 12 月 27 日　　　　单位：元

编号	月份	姓名	岗位工资	津贴	加班	奖金	其他	应发工资	代扣款项	实发工资	签字
1	12	吕太	620.00	180.00	100.00	80.00		980.00	50.00	930.00	
2		王成	720.00	180.00	200.00	50.00		1 150.00	250.00	900.00	
…	…	…	…	…	…	…	…	…	…	…	
合计										40 000.00	

（38）销售产品，货款未收到。

原始凭证 1-6-63

四川省增值税专用发票

开票日期：2008 年 12 月 28 日　　　　发票号码：NO. 390

<table>
<tr><td rowspan="2">购货单位</td><td>名称</td><td colspan="5">成都太发有限公司</td><td colspan="6">纳税人登记号</td><td colspan="8">7593</td></tr>
<tr><td>地址</td><td colspan="5"></td><td colspan="6">开户银行及账号</td><td colspan="8">成都招商银行金牛区支行
账号 85—6843</td></tr>
<tr><td colspan="2" rowspan="2">商品或
劳务名称</td><td rowspan="2">单位</td><td rowspan="2">数量</td><td rowspan="2">单价</td><td colspan="8">价　款　金　额</td><td rowspan="2">税率</td><td colspan="7">税　款　金　额</td></tr>
<tr><td>十</td><td>万</td><td>千</td><td>百</td><td>十</td><td>元</td><td>角</td><td>分</td><td>万</td><td>千</td><td>百</td><td>十</td><td>元</td><td>角</td><td>分</td></tr>
<tr><td colspan="2">甲产品</td><td>件</td><td>600</td><td>500.00</td><td>3</td><td>0</td><td>0</td><td>0</td><td>0</td><td>0</td><td>0</td><td>0</td><td>17</td><td>5</td><td>1</td><td>0</td><td>0</td><td>0</td><td>0</td><td>0</td></tr>
<tr><td colspan="2">乙产品</td><td>件</td><td>500</td><td>400.00</td><td>2</td><td>0</td><td>0</td><td>0</td><td>0</td><td>0</td><td>0</td><td>0</td><td>17</td><td>3</td><td>4</td><td>0</td><td>0</td><td>0</td><td>0</td><td>0</td></tr>
<tr><td colspan="2">合计</td><td></td><td></td><td></td><td>5</td><td>0</td><td>0</td><td>0</td><td>0</td><td>0</td><td>0</td><td>0</td><td></td><td>8</td><td>5</td><td>0</td><td>0</td><td>0</td><td>0</td><td>0</td></tr>
<tr><td colspan="21">价税合计（大写）伍拾捌万伍仟元整　　　　（小写）￥585 000.00</td></tr>
<tr><td rowspan="2">销货单位</td><td>名称</td><td colspan="5">四川天一有限公司</td><td colspan="6">纳税人登记号</td><td colspan="8">9186</td></tr>
<tr><td>地址</td><td colspan="5"></td><td colspan="6">开户银行及账号</td><td colspan="8">成都市工商银行金牛支行
账号 89—356</td></tr>
</table>

收款人　　　　开票单位（未盖章无效）

（39）采购材料，货款未支付。

原始凭证 1-6-64　　　　**四川省增值税专用发票**

开票日期　2010 年 12 月 28 日　　　　编号：NO. 568

<table>
<tr><td rowspan="2">购货单位</td><td>名称</td><td colspan="3">四川天一有限公司</td><td colspan="8">纳税人登记号</td><td colspan="8">9186 .</td></tr>
<tr><td>地址</td><td colspan="3"></td><td colspan="8">开户银行及账号</td><td colspan="8">成都市工商银行金牛支行
账号 89—356</td></tr>
<tr><td colspan="2" rowspan="2">商品或劳务名称</td><td rowspan="2">单位</td><td rowspan="2">数量</td><td rowspan="2">单价</td><td colspan="8">价　款　金　额</td><td rowspan="2">税率</td><td colspan="7">税　款　金　额</td></tr>
<tr><td>十</td><td>万</td><td>千</td><td>百</td><td>十</td><td>元</td><td>角</td><td>分</td><td>万</td><td>千</td><td>百</td><td>十</td><td>元</td><td>角</td><td>分</td></tr>
<tr><td colspan="2">A 材料</td><td>吨</td><td>50</td><td>4 000.00</td><td>2</td><td>0</td><td>0</td><td>0</td><td>0</td><td>0</td><td>0</td><td>0</td><td>17</td><td>3</td><td>4</td><td>0</td><td>0</td><td>0</td><td>0</td><td>0</td></tr>
<tr><td colspan="2">B 材料</td><td>吨</td><td>60</td><td>5 000.00</td><td>3</td><td>0</td><td>0</td><td>0</td><td>0</td><td>0</td><td>0</td><td>0</td><td>17</td><td>5</td><td>1</td><td>0</td><td>0</td><td>0</td><td>0</td><td>0</td></tr>
<tr><td colspan="2">合计</td><td></td><td></td><td></td><td>5</td><td>0</td><td>0</td><td>0</td><td>0</td><td>0</td><td>0</td><td>0</td><td></td><td>8</td><td>5</td><td>0</td><td>0</td><td>0</td><td>0</td><td>0</td></tr>
<tr><td colspan="13">价税合计（大写）伍拾捌万伍仟元整</td><td colspan="8">（小写）￥585 000.00</td></tr>
<tr><td rowspan="2">销货单位</td><td>名称</td><td colspan="3">成都鹏程有限公司</td><td colspan="8">纳税人登记号</td><td colspan="8">4738</td></tr>
<tr><td>地址</td><td colspan="3"></td><td colspan="8">开户银行及账号</td><td colspan="8">成都市建设银行武侯支行
账号 88—358</td></tr>
</table>

收款人　　　　　　　　　　开票单位（未盖章无效）

（40）现金支付采购材料运费。

原始凭证 1-6-65　　　　**运杂费结算收据**

2010 年 12 月 28 日

<table>
<tr><td>托运单位</td><td colspan="3">四川天一有限公司</td><td>托运地点</td><td>本公司</td></tr>
<tr><td>货物名称</td><td>件数</td><td>计费量</td><td>吨公里</td><td colspan="2">运费金额</td></tr>
<tr><td>A 材料</td><td>100</td><td>50 吨</td><td>800</td><td colspan="2">￥4 400.00</td></tr>
<tr><td>B 材料</td><td>120</td><td>60 吨</td><td>1 300</td><td colspan="2">大写（人民币）：肆仟肆佰元整</td></tr>
</table>

主管：　　　　会计：　　　　复核：　　　　开票：

原始凭证 1-6-66　　　　**四川天一有限公司运费分配表**

2010 年 12 月 28 日

材料名称	分配标准（吨）	分配率	金额
A 材料	50		2 000.00
B 材料	60		2 400.00
合计	110	40	4 400.00

制表：刘平

（41）支付前欠材料款。

原始凭证 1－6－67

中国工商银行转账支票存根

支票号码　川工 4864381

科目

对方科目

签发日期 2010 年 12 月 29 日

收款人：成都鹏程有限公司
金额：585 000.00
用途：材料款
备注：

（42）材料验收入库，结转材料采购成本。

原始凭证 1－6－68　　**四川天一有限公司材料采购成本计算单**

2010 年 12 月 29 日　　金额单位：元

名称	单位	数量	单价	买价	运杂费	采购总成本	单位成本
A 材料	吨	50	4 000.00	200 000.00	2 000.00	202 000.00	4 040.00
B 材料	吨	60	5 000.00	300 000.00	2 400.00	302 400.00	5 040.00
合计		110		500 000.00	4 400.00	504 400.00	

制表　刘平

原始凭证 1－6－69

四川天一有限公司材料入库单

供货单位：成都鹏程有限公司　　编号：1018

发票号码：　　2010 年 12 月 29 日　　仓库：本厂

编号	材料名称	单位	数量实收	实际价格			
				单价	发票金额	运杂费用	合计
	A 材料	吨	50	4 000.00	200 000.00	2 000.00	202 000.00
	B 材料	吨	60	5 000.00	300 000.00	2 400.00	302 400.00
	合计		110		500 000.00	4 400.00	504 400.00

质量检验记录	制造日期	合格证号	质量状况	检查结论
	年　月	甲 015	优	同意入库

采购人：　　检验员：　　记账员：　　保管员：王平

（43）计提短期借款利息。

原始凭证 1-6-70　　四川天一有限公司 12 月份银行借款利息计算表

2010 年 12 月 31 日　　单位：元

借款种类	借款日期	还款日期	借款金额	月利率	月利息	累计预提利息
短期借款	2010.7.1	2011.6.30	500 000.00	0.4%	2 000.00	6 000.00

会计主管：　　记账：　　制表：刘平

（44）摊销由本月负担的房租。

原始凭证 1-6-71　　四川天一有限公司 12 月份租赁房屋费用摊销表

2010 年 12 月 31 日

借方科目	租赁房屋面积（平方米）	月单位面积租金	分摊金额（元）
制造费用	3 000	1	3 000.00
管理费用	250	2	500.00
合　计			3 500.00

会计主管：　　记账：　　制表：刘平

（45）计提本月固定资产折旧。

原始凭证 1-6-72　　四川天一有限公司固定资产折旧计算提取表

2010 年 12 月 31 日

应借科目	固定资产类别	固定资产原值	月折旧率	月折旧额
制造费用	生产线设备	1 800 000.00	1%	1 800.00
管理费用	办公楼	1 200 000.00	0.5%	600.00
合　计				2 400.00

会计主管：　　记账：　　制表：刘平

（46）分配本月职工工资。

原始凭证 1-6-73　　四川天一有限公司工资分配表

2010 年 12 月 31 日　　单位：元

项　目	工资总额				备注
	基本工资	津贴补贴	奖金	合计	
生产成本——甲产品	15 000.00	3 000.00	1 000.00	19 000.00	
生产成本——乙产品	10 000.00	2 000.00	800.00	12 800.00	
制造费用	2 000.00	1 000.00	500.00	3 500.00	
管理费用	3 000.00	1 000.00	700.00	4 700.00	
合　计	30 000.00	7 000.00	3 000.00	40 000.00	

制表：刘平

（47）计提本月职工福利费。

原始凭证1 6 74　　四川天 有限公司职工福利费计提表

2010年12月31日　　单位：元

项　目	工资总额	计提比例	计提金额	备注
甲产品工人工资	19 000.00	14%	2 660.00	
乙产品工人工资	12 800.00	14%	1 792.00	
车间管理人员	3 500.00	14%	490.00	
行政管理人员	4 700.00	14%	658.00	
合　计	40 000.00		5 600.00	

制表：刘平

（48）分配结转本月制造费用。（先计算再分配）

原始凭证1－6－75　　四川天一有限公司制造费用分配表

2010年12月31日　　单位：元

产　品	分配标准（工时）	分配率	分配金额	备注
甲产品	18 000			
乙产品	12 000			
合 计	30 000			

制表：刘平

（49）结转本月完工入库产成品的生产成本。（先计算再结转）

原始凭证1－6－76　　四川天一有限公司产品生产成本计算单

2010年12月31日　　单位：元

成本项目	产量（件）	成本项目			成本总额	单位成本
		直接材料	直接人工	制造费用		
甲产品	2 000					
乙产品	1 000					
合　计						

会计主管：　　记账：　　制表：刘平

原始凭证1－6－77　四川天一有限公司产成品入库单（财会记账联）

交库部门：一车间、二车间　　2010年12月31日　　第021号

品　名	规格	计量单位	入库数量	单位成本	总成本							
					十	万	千	百	十	元	角	分
甲产品		件										
乙产品		件										
合 计												

负责人：　　记账：　　验收：王平　　经办人：

（50）结转本月已销产品的生产成本。（先计算再结转）

原始凭证 1－6－78　　　　四川天一有限公司产品销售成本计算表

2010 年 12 月 31 日　　　　单位：元

产　品	销售数量（件）	单位成本	金额	备注
甲产品				
乙产品				
合　计				

会计主管：　　　　记账：　　　　制表：刘平

（51）将各损益类账户的余额转入本年利润账户。（先计算再结转）

原始凭证 1－6－79　　　　四川天一有限公司各损益类账户余额表

2010 年 12 月 31 日　　　　单位：元

收入账户	余额	费用成本账户	余额
主营业务收入		主营业务成本	
其他业务收入		营业费用	
营业外收入		主营业务税金及附加	
投资收益		其他业务支出	
	管理费用		
	财务费用		
	营业外支出		
合　计		合　计	

制表：刘平

（52）计提本月应交所得税并转入本年利润账户。（先计算再结转）

原始凭证 1－6－80　　　　四川天一有限公司所得税计算表

2010 年 12 月 31 日　　　　单位：元

项目	利润总额	税率	应交税额
所得税费用		25%	

制表：刘平

（53）分配利润。（先计算再分配）

原始凭证 1－6－81　　　　四川天一有限公司利润分配表

2010 年 12 月 31 日　　　　单位：元

项目	净利润	比例	金额
盈余公积		10%	
应付利润		50%	

制表：刘平

（二）四川天一有限公司 2010 年 12 月 1 日现金日记账的期初余额为 9 500.00 元，银行存款日记账的期初余额为 95 000.00 元。

（三）四川天一有限公司 2010 年 12 月 1 日各有关明细分类账户的期初余额如表 1－6－1 所示。

表 1－6－1　　四川天一有限公司明细分类账户的期初余额

总账科目	明细科目	借贷	余额	总账科目	明细科目	借贷	余额		
							数量	单价	金额
应收账款	成都渝成有限公司	借	13 000.00	原材料	A 材料	借	20	4 040.00	80 800.00
	成都鲲鹏有限公司	借	84 000.00		B 材料	借	10	5 040.00	50 400.00
	成都太发有限公司	借	88 000.00						
应付账款	成都鹏程有限公司	贷	72 600.00	库存商品	甲产品	借	0		
		贷			乙产品	借	0		
应付职工薪酬	应付工资	贷	40 000.00						
	应付福利费	贷	18 100.00						

（四）四川天一有限公司 2010 年 12 月 1 日各总分类账户的期初余额如表 1－6－2 所示。

表 1－6－2　　四川天一有限公司总分类账户的期初余额

总账科目	借方余额	总账科目	贷方余额
固定资产	3 000 000.00	实收资本	2 130 000.00
原材料	131 200.00	资本公积	50 000.00
库存现金	1 500.00	盈余公积	100 000.00
银行存款	65 000.00	本年利润	400 000.00
库存商品		短期借款	500 000.00
应收账款	185 000.00	应付账款	72 600.00
周转材料		应交税费	16 000.00
利润分配		应付职工薪酬	58 100.00
生产成本		累计折旧	144 000.00
其他应收款		应付利息	12 000.00
所得税	100 000.00		
合　计	3 482 700.00	合　计	3 482 700.00

（五）四川天一有限公司 2010 年 1～11 月份有关收、支类账户本年累计发生额如表 1－6－3。

表 1-6-3 四川天一有限公司 2010 年 1~11 月份收支类账户累计发生额

账户名称	1~11 月累计发生额		12 月发生额	
	借方	贷方	借方	贷方
主营业务收入		9 000 000.00		
主管业务成本	6 000 000.00			
销售费用	1 500 000.00			
主营业务税金及附加	450 000.00			
管理费用	500 000.00			
财务费用	100 000.00			
营业外收入		80 000.00		
营业外支出	30 000.00			
所得税费用	100 000.00			

四、实训材料

记账凭证 60 份、现金日记账和银行存款日记账各两页、多栏式明细分类账两页、数量金额式明细分类账两页、总分类账十页、科目汇总表四页。

五、实训要求

（一）根据实训资料（一）中的原始凭证填制记账凭证。

（二）根据实训资料（二）开设现金日记账和银行存款日记账，填写账簿启用登记表（表 1-6-4），登记期初余额。

表 1-6-4 账簿启用登记表

<table>
<tr><td colspan="2">单位名称</td><td colspan="2"></td><td rowspan="5">粘贴
印花</td></tr>
<tr><td colspan="2">账簿名称</td><td colspan="2"></td></tr>
<tr><td colspan="2">册次及起讫页数</td><td colspan="2">自　　页起至　　页止共　　页</td></tr>
<tr><td colspan="2">启用日期</td><td colspan="2"></td></tr>
<tr><td colspan="2">停用日期</td><td colspan="2"></td></tr>
<tr><td colspan="2">经管人姓名</td><td>接管日期</td><td>交出日期</td><td>经管人盖章</td><td>会计主管盖章</td></tr>
<tr><td colspan="2"></td><td></td><td></td><td></td><td></td></tr>
<tr><td colspan="2"></td><td></td><td></td><td></td><td></td></tr>
<tr><td>备注</td><td colspan="4"></td><td>单位公章</td></tr>
</table>

（三）根据实训要求（一）填制的记账凭证中有关现金、银行存款收付业务的凭证登记现金日记账（表 1-6-5）和银行存款日记账（表 1-6-6）。

表1-6-5　　现金日记账

年		凭证		摘要	借							贷							借或贷	余额						
月	日	种类	号数		万	千	百	十	元	角	分	万	千	百	十	元	角	分		万	千	百	十	元	角	分

表1-6-6　　银行存款日记账

年		凭证		摘要	借							贷							借或贷	余额						
月	日	种类	号数		万	千	百	十	元	角	分	万	千	百	十	元	角	分		万	千	百	十	元	角	分

（四）根据实训资料（三）设置有关明细分类账户：多栏式明细分类账账页（表1-6-7）、数量金额式明细分类账账页（表1-6-8）、多栏式物资采购明细分类账账页（表1-6-9）；多栏式生产成本明细分类账账页（表1-6-10）、多栏式制造费用明细分类账账页（表1-6-11）、多栏式管理费用明细分类账账页（表1-6-12）、多栏式产品销售收入明细分类账账页（表1-6-13），登记各明细分类账户的期初余额。

表1-6-7　　多栏式明细分类账账页

年		凭证		摘要	借							贷							借或贷	余额						
月	日	种类	号数		万	千	百	十	元	角	分	万	千	百	十	元	角	分		万	千	百	十	元	角	分

表1-6-8　　数量金额式明细分类账账页

年		凭证		摘要	收入			发出			结存		
月	日	种类	编号		数量	单价	金额	数量	单价	金额	数量	单价	金额

表 1－6－9　　物贸采购明细分类账

会计科目：　　明细科目：　　子目：　　第　页

年		凭证		摘要	借方						贷方		余额		
月	日	种类	编号		数量	单价	买价	运杂费	包装费	采购成本	数量	单位成本	采购成本	数量	单位成本	采购成本

表 1－6－10　　生产成本明细分类账

会计科目：　　明细科目：　　子目：　　第　页

年		凭证		摘要	成本项目					
月	日	种类	编号		产量（个）	直接材料	直接人工	其他直接支出	制造费用	成本合计
12	1			月初在产品成本						
				本月生产费用合计						
				结转完工产品成本						
				月末在产品成本						

表 1－6－11　　制造费用明细分类账

会计科目：　　明细科目：　　子目：　　第　页

年		凭证		摘要	制造费用项目					
月	日	种类	编号		材料	人工	水电	折旧	其他直接支出	合计
				本月制造费用合计						

表 1－6－12　　管理费用明细分类账

年		凭证		摘要	借方							贷方	余额
月	日	种类	编号		工资及福利费	办公费	差旅费	水电费	房租	折旧费	合计		

表 1-6-13　　主营业务收入明细分类账

年		凭证		摘要	借方					贷方	余额
月	日	种类	编号		双人床单	单人床单			合计		

（五）根据实训要求（一）所填制的记账凭证登记各种明细分类账，结出每个明细分类账户的月末余额及各收、支类账户的本月发生额。

（六）根据实训资料（四）设置总分类账户（表1-6-14），登记期初余额。

表 1-6-14　　总　账

会计科目：

年		凭证		摘　要	借　方	贷　方	借或贷	余　额
月	日	种类	编号					

（七）根据实训要求（一）所填制的记账凭证采用直接根据记账凭证登记总分类账的方法登记总分类账，结出期末余额以及各收、支类账户的本期发生额。

（八）将实训要求（一）所填制的记账凭证中的记账凭证分别按 1~10 日、11~20 日、21~30 日和 31 日一天汇总编制四份科目汇总表（表1-6-15），根据科目汇总表登记总分类账，结出期末余额以及各收、支类账户本期发生额。

表 1-6-15　　科 目 汇 总 表

年　月　日　　　　科汇　　号

会计科目	总账页数	本期发生额		记账凭证起止号
		借方	贷方	
合　计				

（九）根据实训资料（一）检查实训要求（一）所填制的所有记账凭证有无漏记入账，如果有漏记的要补记入账；检查 31 日的记账凭证，确定应调整和结转的账项是否都已调整和结转完毕；计算各总分类账户 12 月份的本月发生额和月末余额，并做出月结标记。

（十）根据实训资料(五)，将实训要求(七)中登记的各总分类账进行年度结转。

（十一）根据实训要求（一）和（七）进行日记账和总分类账的核对；根据实训要求（五）和（七）将总分类账户月末余额与有关明细分类账户月末余额合计核对，填制明细分类账户余额表（表1－6－16）；根据实训要求（七）填制总分类账户本期发生额及余额核对表。（表1－6－17）

表1－6－16 明细分类账户余额表

年 月 日

总账科目	明细科目	期末余额		总账科目	明细科目	期末余额	
		借方	贷方			借方	贷方

表1－6－17 总分类账户本期发生额及余额核对表

年 月 日

会计科目	本期发生额		期末余额		会计科目	本期发生额		期末余额	
	借方金顿	贷方金额	借方金额	贷方金额		借方金顿	贷方金额	借方金额	贷方金额
一、资产类					三、所有者权益类				
库存现金					实收资本				
银行存款					资本公积				
应收账款					盈余公积				
其他应收款					本年利润				
物资采购					利润分配				
原材料					四、成本类				
库存商品					生产成本				
周转材料					制造费用				
固定资产					五、损益类				
累计折旧					主营业务收入				
二、负债类					主营业务成本				
短期借款					销售费用				
应付账款					管理费用				
应付职工薪酬					财务费用				
应交税费					营业外收入				
预提费用					营业外支出				
					所得税费用				

实训七　财产清查

一、知识要点

（一）财产清查是指通过对货币资金、实物资产、往来款项等的盘点或核对，确定实存数，查明实际结存数与账面结存数是否相符，查明账实不符的原因的一种会计核算方法。

（二）按清查的对象和范围不同，财产清查分为全面清查和局部清查；按清查的时间不同，财产清查分为定期清查和不定期清查。

二、实训目标

（一）掌握实物清查的方法和实物清查结果的财务处理技能：实物清查的实地盘点法和技术推算法；“盘存单”和“实存账存对比表”的填制方法；实物清查结果的账务处理方法。

（二）掌握现金清查的方法和现金清查结果的账务处理技能：现金清查的实地盘点方法；“现金盘点报告表”的填制方法；现金清查结果的账务处理方法。

（三）掌握银行存款清查的方法：企业银行存款日记账与银行对账单的核对方法；“银行存款余额调节表”的编制方法。

三、实训资料

（一）四川天一有限公司 2010 年 9 月 30 日对企业的实物进行清查，清查的结果是：

实存发电机 5 台，电动机 25 台，A 材料 21 吨，B 材料 24 吨，甲产品 400 件，乙产品 500 件。

（二）四川天一有限公司 2010 年 9 月 30 日实物账户账面结存如表 1－7－1 所示。

表 1－7－1

总分类账户名称	明细分类账户名称	单位	账面结存		
			数量	单价	金额
固定资产	发电机	台	4	2 000.00	8 000.00
固定资产	电动机	台	26	1 000.00	26 000.00
原材料	A 材料	吨	20	4 040.00	80 800.00
原材料	B 材料	吨	25	5 040.00	126 000.00
产成品	甲产品	件	400	623.62	249 448.00
产成品	乙产品	件	500	292.35	146 175.00

（三）关于财产清查结果处理意见的批示：

盘盈发电机电动机的净值转作营业外收入，盘亏电动机的净值转作营业外支出，盘盈 A 材料属于计量差错造成，其价值冲减管理费用，盘亏 B 材料属于管理不善造成，其价值计入管理费用。

（四）四川天一有限公司 2010 年 9 月 30 日通过实地盘点的方法，对库存现金进行了清查，出纳员张峰持有现金的实际数为 2 600.00 元。经核对，现金日记账户的账面余额为 2 700.00 元。

（五）关于现金清查结果处理意见的批示：

现金清查中发现的现金短款，由出纳员张峰赔偿。

（六）四川天一有限公司 2010 年 9 月 1 日至 9 月 10 日银行存款日记账如表 1－7－2 所示：

表 1－7－2　　四川天一有限公司银行存款日记账

2010 年		记账凭证		摘要	对方科目	结算凭证		借方	贷方	结余
月	日	种类	号码			种类	号码			
9	1	收款	045	收款	应收账款	转支	278	8 000.00		8 500.00
9	5	付款	421	付款	应付账款	转支	389		5 000.00	3 500.00
9	9	收款	364	收款	应收账款	转支	364	3 000.00		6 500.00
9	10	付款	422	付款	应付账款	转支	457		2 000.00	4 500.00

（七）银行转来的四川天一有限公司 2010 年 9 月 1 日至 9 月 10 日的“银行对账单”如表 1－7－3 所示。

表 1－7－3　　银行对账单

2010 年		摘要	结算凭证		借方	贷方	借方余额
月	日		种类	号码			
9	1	收款	转支	278	8 000.00		8 500.00
9	5	付款	转支	389		5 000.00	3 500.00
9	9	收款	转支	238	1 000.00		4 500.00
9	10	付款	转支	415		3 000.00	1 500.00

四、实训要求

（一）根据实训资料（一）中的清查结果填制“盘存单”（表 1－7－4）和“实存账存对比表”（表 1－7－5 ）。

表 1-7-4　　四川天一有限公司盘存单

单位名称：　　盘点时间：2010 年 9 月 30 日　　金额单位：元

盘存地点	实物名称	单位	账存数量	实存数	单价	实存金额	账存金额	实物保管人

盘点人：　　制单：

表 1-7-5　　四川天一有限公司实存账存对比表

单位名称：　　2010 年 9 月 30 日　　金额单价：元

实物名称	单位	单价	实存		账存		盘盈		盘亏	
			数量	金额	数量	金额	数量	金额	数量	金额

制单：

（二）根据“盘存单”与“实存账存对比表”及实训资料（三）中的领导批示进行领导批示前、后的账务处理（表 1-7-6）。

表 1-7-6　　四川天一有限公司会计分录簿

序号	经济业务摘要	会计分录
		批准前 借： 　贷： 批准后 借： 　贷：

表1－7－6(续)

<table>
<tr><th>序号</th><th>经济业务摘要</th><th>会　计　分　录</th></tr>
<tr><td></td><td></td><td>批准前
借：
　贷：
批准后
借：
　贷：</td></tr>
<tr><td></td><td></td><td>批准前
借：
　贷：
批准后
借：
　贷：</td></tr>
<tr><td></td><td></td><td>批准前
借：
　贷：
批准后
借：
　贷：</td></tr>
</table>

（三）根据实训资料（四）中的现金清查结果和现金日记账填制“现金盘点报告表”（表1－7－7）。

表1－7－7　　四川天一有限公司现金盘点报告表

单位名称：　　　　　　年　　月　　日　　　　　　单位：元

<table>
<tr><th rowspan="2">实　存
金　额</th><th rowspan="2">账　存
金　额</th><th colspan="2">实存与账存对比</th><th rowspan="2">备　注</th></tr>
<tr><th>盘　盈</th><th>盘　亏</th></tr>
<tr><td></td><td></td><td></td><td></td><td></td></tr>
</table>

盘点人：　　　　　　出纳员：　　　　　　制表：

（四）根据“现金盘点报告表”和实训资料（五）进行领导批示前、后的账务处理（表1－7－8）。

表 1-7-8　　四川天一有限公司会计分录簿

序号	经济业务摘要	会计分录
		批准前 借： 贷： 批准后 借： 贷

（五）根据实训资料（六）和（七）中的银行存款日记账和银行对账单进行逐笔核对。

（六）根据核对结果编制“银行存款余额调节表”（表 1-7-9）。

表 1-7-9　　银行存款余额调节表

年　月　日　　单位：元

项　目	金　额	项　目	金　额
银行对账单存款余额 加：企业已收银行未收 减：企业已付银行未付		企业银行存款账余额 加：银行已收企业未收 减：银行已付企业未付	
调节后的存款余额		调节后的存款余额	

实训八　借贷记账法与会计分录（二）

一、知识要点

（一）经济业务中资产、成本费用在金额上增加，负债、所有者权益在金额上减少，收入、利润在金额上的减少或转销时，记入账户的借方；经济业务中负债、所有者权益、收入、利润在金额上的增加，资产在金额上的减少，成本费用在金额上的减少或转销时，记入账户的贷方。

（二）资产、成本费用账户的余额一般在借方，余额和发生额之间的关系式为：

借方期末余额 = 借方期初余额 + 借方本期发生额 - 贷方本期发生额

负债、所有者权益账户的余额一般在贷方，余额和发生额之间的关系式为：

贷方期末余额 = 贷方期初余额 + 贷方本期发生额 - 借方本期发生额

二、实训目标

（一）理解复式记账原理，掌握借贷记账法下编制会计分录的方法。

（二）具备运用借贷记账法编制会计分录的技能。

三、实训资料

（一）四川天一有限公司2011年1月份发生下列经济业务：

（1）1日，从银行提取现金4 000元备用。

（2）5日，收到李成投资生产设备一台，价值388 000元。

（3）7日，用存款58 000元偿还前欠成都泰山公司材料款。

（4）8日，收到成都南天公司归还前欠货款32 000元，存入银行。

（5）10日，从银行贷得短期借款50 000元，直接归还欠成都大明公司货款。

（6）11日，仓库发出材料一批，其中用于产品生产235 000元，用于厂部行政部门4 000元。

（7）13日，职工王成因公出差，借支差旅费现金4 000元。

（8）13日，以银行存款缴纳应交税费15 000元。

（9）16日，董事会研究决定，将资本公积150 000元转增资本金。

（10）20日，购进材料一批，价款215 000元，材料已入库，以银行存款支付150 000元，余款暂欠。

（11）23日，以银行存款43 500元发放应付工资。

（12）24日，王成出差报销差旅费3 250元，以现金补付差额。

（13）25日，经与本公司投资人成都前进公司商定，由成都前进公司代本公司偿还到期长期借款200 000元，此款作为成都前进公司对本公司的追加投资。

（14）27日，A产品完工入库80件，单位生产成本580元；B产品完工入库30件，单位生产成本550元。

（15）29日，销售A产品160件，单位售价800元；销售B产品125件，单位售价850元，销售款已存入银行。

（16）30日，结转已销产品成本。（本期销售数量及单位产品生产成本见前两项业务活动）

（二）四川天一有限公司2010年9月发生的经济业务如下：

（1）1日，从银行提取现金1 500元，以备使用。

（2）3日，销售部李南预借差旅费3 500元。

（3）4日，收到成都琪达公司投入资金300 000元，存入银行。

（4）4日，从成都亨利公司购入A材料5 000千克，单价为9元/千克，增值税为7 650元，货款以银行存款支付，材料尚在运输途中。

（5）5日，办公室干事张琪报销办公用品费150元。

（6）7日，公司以银行存款支付上月应交增值税34 000元、城市维护建设税2 380元、教育费附加1 020元。

（7）9日，从成都亨利公司购入的A材料已经运达本公司，经验收合格入库。

（8）13日，销售部李南报销差旅费3 356元，交回现金144元。

（9）13日，以银行存款支付欠成都金丰公司材料款84 500元。

（10）14日，以银行存款向成都市电视台支付本公司产品广告费3 680元。

（11）15 日，出售甲产品 30 件，每件 100 元，收到现金。

（12）15 日，将零星收入 3 000 元存入银行。

（13）16 日，工会干事王坤报销工会奖品费 800 元。

（14）17 日，销售给成都利丰公司甲产品 2 000 件，每件 100 元，价款 200 000 元，增值税款 34 000 元，款项收到存入银行。

（15）18 日，向银行提取现金 83 450 元备发工资。

（16）18 日，以现金支付应付职工工资 83 450 元。

（17）19 日，仓库发出材料：甲产品领用 A 材料 3 000 千克，单价 9 元/千克；乙产品领用 A 材料 500 千克，单价 9 元/千克，B 材料 200 千克，单价 5 元/千克；基本生产车间领用 B 材料 1 000 千克，单价 5 元/千克；行政部门领用 A 材料 400 千克，单价 9 元/千克。

（18）20 日，以转账支票支付管理部门汽车修理费 6 400 元。

（19）21 日，向成都盛大公司购入 B 材料 4 000 千克，单价 5 元，运费 200 元，增值税 3 400 元，以银行存款支付，材料验收入库。

（20）21 日，以银行存款偿还成都大成公司材料款 80 000 元。

（21）22 日，以现金支付邮寄资料费 46 元。

（22）22 日，现金购入 5 800 元笔记本电脑 1 台，已交付使用。

（23）23 日，出售给成都万寿公司甲产品 1 000 件，每件 100 元；乙产品 1 200 件，每件 150 元，增值税 47 600 元，款项尚未收回。

（24）24 日，取得期限为三个月借款 450 000 元存入银行。

（25）24 日，以现金预付 2011 年报纸杂志费 1 500 元。

（26）25 日，以转账支票向成都市自来水公司支付水费 8 500 元。

（27）26 日，以转账支票向成都市电力公司支付电费 23 600 元。

（28）26 日，银行收到成都威利公司偿还欠款 180 000 元。

（29）27 日，行政部职工李太报销招待费 430 元。

（30）28 日，收到银行存款利息 4 325 元。

（31）28 日，盘盈电动机一台，价值 7 000 元，经批准转作营业外收入。

（32）29 日，银行收到成都万寿公司欠款 201 000 元。

（33）11 月 30 日，分配本月职工工资 83 450 元。其中：甲产品生产工人工资 45 000 元，乙产品生产工人工资 20 000 元，基本生产车间管理人员工资 5 000 元，管理部门人员工资 13 450 元。

（34）30 日，按工资总额的 14% 计提福利费。

（35）30 日，按工资总额的 2%、1.5% 分别计提工会经费及职工教育培训费。

（36）30 日，分配本月水费：基本生产车间水费 7 800 元，行政部门水费 700 元。

（37）30 日，分配本月电费：基本生产车间电费 18 800 元，行政部门电费 4 800 元。

（38）30 日，预提应由本月负担的基本生产车间房屋租金 640 元。

（39）30 日，分摊应由本月负担的保险费 450 元。

（40）30 日，摊销无形资产价值 700 元（价值 84 000 元，摊销年限 10 年，本月摊销 700 元）。

（41）30 日，计提本月固定资产折旧 2 100 元，其中生产车间 1 500 元，厂部 600 元。

（42）30 日，结转分配本月制造费用 39 615 元，按产品生产工时分配，甲产品生产工时 3 600 工时，乙产品生产工时 2 400 工时。

（43）30 日，结转本月完工入库产品实际生产成本，甲产品 180 000 元、乙产品 220 000 元，均全部完工入库。

（44）30 日，结转已售产品的实际成本 320 000 元。

（45）30 日，计算应负担的主营业务税金及附加 8 160 元。

四、实训要求

（一）根据实训资料（一）填写表 1－8－1，要求对每项经济业务作简要描述写出摘要，选择准确的会计科目，明确借贷方向，正确填写金额。

表 1－8－1

序号	摘　要	会计科目		借方金额（元）	贷方金额（元）
		借方科目	贷方科目		
（1）					
（2）					
（3）					
（4）					
（5）					
（6）					
（7）					
（8）					
（9）					
（10）					
（11）					
（12）					
（13）					
（14）					
（15）					
（16）					

（二）根据实训资料(二)，用借贷记账法编制会计分录填入表1－8－2内，要求对每项经济业务作简要描述写出摘要，所编制的会计分录要求做到会计科目准确，借贷方向明确，金额正确，排列、书写规范。

表1－8－2　　四川天一有限公司会计分录簿

序号	经济业务摘要	会 计 分 录
(1)		借： 贷：
(2)		借： 贷：
(3)		借： 贷：
(4)		借： 贷：
(5)		借： 贷：
(6)		借： 贷：
(7)		借： 贷：
(8)		借： 贷：
(9)		借： 贷：
(10)		借： 贷：
(11)		借： 贷：
(12)		借： 贷：

表1-8-2(续)

序号	经济业务摘要	会　计　分　录
(13)		借： 贷：
(14)		借： 贷：
(15)		借： 贷：
(16)		借· 贷：
(17)		借： 贷：
(18)		借： 贷：
(19)		借： 贷：
(20)		借： 贷：
(21)		借： 贷：
(22)		借： 贷：
(23)		借： 贷：
(24)		借： 贷：

表1－8－2(续)

序号	经济业务摘要	会计分录
(25)		借： 贷：
(26)		借： 贷：
(27)		借： 贷：
(28)		借： 贷：
(29)		借： 贷：
(30)		借： 贷：
(31)		借： 贷：
(32)		借： 贷：
(33)		借： 贷：
(34)		借： 贷：

表1-8-2(续)

序号	经济业务摘要	会 计 分 录
(35)		借: 贷:
(36)		借: 贷:
(37)		借: 贷:
(38)		借: 贷:
(39)		借: 贷:
(40)		借: 贷:
(41)		借: 贷:
(42)		借: 贷:
(43)		借: 贷:
(44)		借: 贷:
(45)		借: 贷:

实训九 财务会计报告

一、知识要点

（一）资产负债表是反映企业在某一特定日期（如月末、季末、半年末、年末等）财务状况的会计报表。它以“资产＝负债＋所有者权益”会计平衡公式为基础，表明企业在某一特定日期所拥有或控制的经济资源、所承担的义务和所有者对其资产的要求权。资产负债表能了解企业所掌握的经济资源及这些资源的分布与结构，能准确反映企业的资金来源构成以及所承担债务和所有者权益的结构。分析资产负债表，可以了解企业的财务实力、短期偿债能力和盈利能力、企业资金结构的变动情况及财务状况的发展趋势。

（二）利润表是反映企业一定会计期间经营成果的报表。它以“收入－支出＝利润（亏损）”会计等式为基础，表明企业在经营中取得的收入及相应的成本费用，以及净利润的实现和构成情况。利润表能了解企业获利能力及利润的未来发展趋势，了解投资者投入资本的保值增值情况。

二、实训目标

（一）掌握资产负债表的结构、内容和编制方法。

（二）掌握利润表的结构、内容和编制方法。

三、实训资料

（一）四川天一有限公司2010年12月31日总账账户余额及年初余额如表1－9－1所示。

表1－9－1　四川天一有限公司2010年12月31日总账账户余额及年初余额

账户名称	年初余额		年末余额	
	借方	贷方	借方	贷方
库存现金	20 000.00		30 000.00	
银行存款	250 000.00		350 000.00	
其他货币资金				
短期投资				
应收票据	40 000.00		60 000.00	
应收账款	30 000.00		20 000.00	
坏账准备				

表1－9－1(续)

账户名称	年初余额		年末余额	
	借　方	贷　方	借　方	贷　方
其他应收款	10 000.00		150 000.00	
生产成本	500 000.00		700 000.00	
材料采购				
原材料	400 000.00		500 000.00	
低值易托品				
库存商品	300 000.00		400 000.00	
周转材料	40 000.00		30 000.00	
长期股权投资				
固定资产（原值）	1 200 000.00		1 200 000.00	
累计折旧	150 000.00		180 000.00	
无形资产	100 000.00		90 000.00	
短期借款		400 000.00		660 000.00
应付票据		70 000.00		50 000.00
应付账款		40 000.00		60 000.00
其他应付款		30 000.00		50 000.00
应付税费		30 000.00		40 000.00
应付职工薪酬		60 000.00		50 000.00
应付利息		20 000.00		10 000.00
应付利润		50 000.00		100 000.00
实收资本		1 250 000.00		1 250 000.00
资本公积		50 000.00		80 000.00
盈余公积		50 000.00		100 000.00
长期借款		900 000.00		800 000.00
利润分配		90 000.00		200 000.00

（二）四川天一有限公司2010年12月损益类账户发生额及1～11月累计发生额如表1－9－2所示。

表 1－9－2　　四川天一有限公司 2010 年损益类账户发生额及累计发生额

账户名称	1～11 月累计发生额		12 月发生额	
	借方	贷方	借方	贷方
主营业务收入		3 000 000.00		500 000.00
主管业务成本	2 000 000.00		300 000.00	
销售费用	300 000.00		100 000.00	
主营业务税金及附加	150 000.00		30 000.00	
管理费用	140 000.00		40 000.00	
财务费用	180 000.00		20 000.00	
其他业务收入		50 000.00		30 000.00
其他业务成本	40 000.00		20 000.00	
投资收益				100 000.00
营业外收入		30 000.00		10 000.00
营业外支出	50 000.00		10 000.00	
所得税费用	40 000.00		30 000.00	

四、实训要求

（一）根据实训资料（一），整理和审核编制资产负债表的资料来源，按规定方法填写表中各项目，编制资产负债表底表，对资产负债表底表进行审查后编制正式资产负债表（表 1－9－3）。

表 1－9－3　　资　产　负　债　表

编制单位：　　　　年　月　日　　　　单位：元

资产	年初数	期末数	负债和所有者权益	年初数	期末数
流动资产：			流动负债：		
货币资金			短期借款		
短期投资			应付票据		
应收票据			应付账款		
应收账款			预收账款		
减：坏账准备			其他应付款		
应收账款净额			应付职工薪酬		
预付账款			应交税费		
其他应收款			应付利润		
存货			应付利息		

表1-9-3(续)

资　　产	年初数	期末数	负债和所有者权益	年初数	期末数
周转材料			一年内到期非流动负债		
待处理流动资产净损失			其他流动负债		
一年内到期的非流动资产					
其他流动资产					
流动资产合计			流动负债合计		
长期投资：			长期负债：		
长期投资			长期借款		
固定资产			应付债券		
减：累计折旧			长期应付款		
固定资产净值			其他长期负债		
固定资产清理					
在建工程					
待处理固定资产净损失			长期负债合计		
固定资产合计			负债合计		
无形及递延资产：			所有者权益：		
无形资产			实收资本		
递延资产			资本公积		
无形及递延资产合计			盈余公积		
其他资产：			未分配利润		
其他长期资产					
其他资产合计			所有者权益合计		
资产合计			负债及所有者权益合计		

（二）根据实训资料（二）整理和审核编制利润表的资料来源，按规定方法填写表中各项目，编制利润表底表，对利润表底表进行审查后编制正式利润表（表1-9-4）。

表1-9-4　　利　润　表

编制单位：　　年　月　日　　单位：元

项　　目	本月数	本年累计数
一、主营业务收入		

表1－9－4(续)

项　　目	本月数	本年累计数
减：主营业务成本		
营业税金及附加		
销售费用		
二、主营业务利润		
加：其他业务收入		
减：其他业务成本		
管理费用		
财务费用		
三、业务利润		
加：投资收益		
营业外收入		
减：营业外支出		
四、利润总额		
减：所得税费用		
五、本年利润		

实训十　主要经济业务事项账务处理与核算

一、资金筹集和资金退出的账务处理与核算

（一）实训目标：练习资金筹集和资金退出业务的核算。

（二）实训资料：四川天一有限公司2010年1月份经济业务如下：

（1）1日，借入期限为3个月的短期借款100 000元，存入银行。

（2）5日，收到成都东亚公司投入资金500 000元，存入银行。

（3）7日，接受成都飞跃公司投入生产用全新设备一台，价款150 000元，设备已交付使用。

（4）8日，从银行借入三年期借款1 500 000元，存入银行。

（5）9 日，成都大方研究所投入一项专利，双方作价 200 000 元。

（6）15 日，以银行存款偿还到期的短期借款 250 000 元。

（7）16 日，将一台设备向成都鹏程有限公司投资，该设备原值为 180 000 元，已提折旧 50 000 元。

（8）20 日，以银行存款支付 2009 年股东未付利润 200 000 元。

（三）实训要求：根据实训资料编制会计分录填入表 1－10－1 内：

表 1－10－1　　　　四川天一有限公司会计分录簿

序号	经济业务摘要	会计分录
（1）		借： 贷：
（2）		借： 贷：
（3）		借： 贷：
（4）		借： 贷：
（5）		借： 贷：
（6）		借： 贷：
（7）		借： 贷：
（8）		借： 贷：

二、采购过程的账务处理与核算

（一）实训目的：练习采购过程的主要经济业务的核算。

（二）实训资料：四川天一有限公司 2010 年 2 月份的经济业务如下：

（1）1 日，采购员王林出差，以现金借支差旅费 2 000 元。

（2）3 日，购入原材料一批，增值税发票注明：甲材料 1 000 千克，单价 18 元，价款 18 000 元，增值税为 2 720 元；乙材料 800 千克，单价 16 元，共计款 12 800 元，增值税为 2 176 元。款项已以银行存款支付，材料尚未运到。

（3）7 日，上述材料运到，经验收合格入库。

（4）8 日，购入材料一批，增值税发票注明：甲材料 1 000 千克，单价 12 元，共计 12 000 元，增值税税率 17%；乙材料 700 千克，单价 20 元，共计款项 14 000 元，增值税税率为 17%。材料已入库，款项尚欠。

（5）9 日，以银行存款 80 000 元，预付给成都嘉陵公司作为购买乙材料的货款。

（6）9 日，采购员王林报销差旅费 1 350 元，退回现金 650 元。

（7）10 日，上述乙材料运到入库，货款 60 000 元，增值税税率为 17%，运费 800 元。收到嘉陵公司退回的多余款项存入银行。

（8）12 日，以银行存款支付第（4）笔业务的所有款项。

（三）实训要求：根据实训资料编制会计分录填入表 1－10－2 内。

表 1－10－2　　　　四川天一有限公司会计分录簿

序号	经济业务摘要	会 计 分 录
(1)		借： 贷：
(2)		借： 贷：
(3)		借： 贷：
(4)		借： 贷：
(5)		借： 贷：
(6)		借： 贷：

表1－10－2(续)

序号	经济业务摘要	会计分录
(7)		借： 贷：
(8)		借： 贷：

三、生产过程的账务处理与核算

（一）实训目的：练习生产阶段主要经济业务的核算。

（二）实训资料：四川天一有限公司2010年3月份经济业务如下。

（1）1日，仓库发出各种原材料，其中：用于A产品生产领用甲材料300千克、单价12元，乙材料200千克、单价20元；用于B产品生产领用甲材料200千克、单价12元，乙材料150千克，单价20元；管理部门耗用的乙材料30千克；生产车间耗用的乙材料40千克。

（2）8日，结转本月应付职工薪酬，其中：A产品生产工人工资为8 000元；B产品生产工人工资为7 000元；生产车间管理人员工资为2 000元；行政管理部门人员工资为3 000元。

（3）8日，按职工工资总额的14%计提职工福利费，其中：A产品生产工人福利费为1 120元；B产品生产工人福利费为980元；车间职工福利费为280元；管理部门职工福利费为420元。

（4）9日，以银行存款支付本月份车间负担的水电费1 000元。

（5）10日，用现金400元购买车间的办公用品。

（6）11日，车间管理人员报销差旅费1 237元，原预支2 000元，余额归还现金。

（7）12日，银行存款支付本月应由车间负担的修理费1 200元。

（8）13日，用银行存款支付本月的电话费为2 000元，其中40%由车间承担，60%由企业管理部门承担。

（9）30日，计提本月固定资产折旧，车间使用固定资产折旧800元，企业管理部门使用固定资产折旧600元。

（10）31日，结转并分配本月制造费用，制造费用按生产工人工资的比例分配。

（11）31日，本月A产品300件、B产品100件，均已全部制造完成并验收入库，按实际成本入账。

（三）实训要求：根据实训资料编制会计分录填入表1－10－3内。

表1-10-3　　四川天一有限公司会计分录簿

序号	经济业务摘要	会计分录
(1)		借： 贷：
(2)		借： 贷：
(3)		借： 贷：
(4)		借： 贷：
(5)		借： 贷：
(6)		借： 贷：
(7)		借： 贷：
(8)		借： 贷：
(9)		借： 贷：

表1-10-3(续)

序号	经济业务摘要	会　计　分　录
(10)		借： 贷：
(11)		借： 贷：

四、销售过程的账务处理与核算

（一）实训目的：练习销售阶段的主要经济业务的核算。

（二）实训资料：四川天一有限公司2010年4月份经济业务如下：

（1）1日，向成都南方公司出售A产品4 000件，单价200元，增值税17%，货款已收到，存入银行。

（2）5日，向成都南天公司出售B产品200件，每件售价180元，增值税17%，货款未收到。

（3）7日，按出售的两种产品的实际成本结转A、B两种产品的成本，A产品每件140元，B产品每件95元。

（4）8日，以银行存款支付上述两种产品的由企业负担的运输费600元，包装费300元。

（5）9日，结转本月销售机构职工工资2 000元，并提取职工福利费280元。

（6）10日，向成都大天公司出售原材料300千克，每千克售价20元，增值税17%。对方开出商业承兑汇票一张，期限6个月。

（7）11日，结转上述原材料的实际成本（每千克成本15元）。

（8）15日，收到上月销售产品的货款11 700元，存入银行。

（9）18日，开出转账支票一张，支付广告费1 900元。

（10）30日，按规定计算本月应交纳的城市建设维护税700元，应交教育费附加400元。

（三）实训要求：根据实训资料编制会计分录填入表1-10-4内。

表1-10-4　　四川天一有限公司会计分录簿

序号	经济业务摘要	会　计　分　录
(1)		借： 贷：

表1-10-4(续)

序号	经济业务摘要	会 计 分 录
(2)		借： 贷：
(3)		借： 贷：
(4)		借： 贷：
(5)		借： 贷：
(6)		借： 贷：
(7)		借： 贷：
(8)		借： 贷：
(9)		借： 贷：
(10)		借： 贷：

五、周转材料和应付利息的核算

（一）实训目的：练习待摊费用和预提费用的核算。

（二）实训资料：四川天一有限公司2010年7月份经济业务如下：

(1) 1日，以银行存款36 000元支付下半年的财产保险费。

(2) 5日，以银行存款1 200元支付第三季度的仓库租金。

(3) 6日，以银行存款支付第二季度银行短期借款利息12 900元（已预提8 600元）。

（4）31 日，摊销应由本月负担的财产保险费 3 000 元。

（5）31 日，摊销应由本月负担的仓库租金 400 元。

（6）31 日，预提车间固定资产的大修费 1 500 元，厂部固定资产大修费 900 元。

（7）31 日，预提银行短期借款利息 4 800 元。

（8）31 日，用银行存款 2 000 元支付车间固定资产大修费。

（三）实训要求：根据实训资料编制会计分录填入表 1－10－5 内。

表 1－10－5 四川天一有限公司会计分录簿

序号	经济业务摘要	会 计 分 录
（1）		借： 贷：
（2）		借： 贷：
（3）		借： 贷：
（4）		借： 贷：
（5）		借： 贷：
（6）		借： 贷：
（7）		借： 贷：
（8）		借： 贷：

六、其他业务与营业外收支业务的核算

（一）实训目的：练习其他业务与营业外收支业务的核算。

（二）实训资料：四川天一有限公司 2010 年 8 月份的经济业务如下：

（1）1 日，购买需要安装的设备一台，价税合计 35 100 元，另发生运杂费及保险费 300 元，安装费用 600 元，款项用银行存款支付。

（2）2 日，设备安装完毕，经检验合格，交付使用。

（3）4 日，销售材料一批，价款 5 000 元，增值税税款 850 元，收到对方开出的商

业承兑汇票一张，期限6个月。

（4）5日，结转上述材料的实际成本3 500元。

（5）15日，发生确实无法偿还的应付账款一笔，金额3 400元，经批准转作营业外收入。

（6）18日，因违规，有关部门罚款2 000元，以银行存款支付。

（7）19日，接受成都凯迪公司捐赠的原材料，价值30 000元。

（8）25日，用银行存款向希望工程捐款6 000元。

（三）实训要求：根据实训资料编制会计分录填入表1－10－6内。

表1－10－6　　四川天一有限公司会计分录簿

序号	经济业务摘要	会计分录
(1)		借： 贷：
(2)		借： 贷：
(3)		借： 贷：
(4)		借： 贷：
(5)		借： 贷：
(6)		借： 贷：
(7)		借： 贷：
(8)		借： 贷：

七、利润的账务处理与核算

（一）实训目的：练习利润形成及利润分配的核算。

（二）实训资料：四川天一有限公司2010年2月份经济业务如下：

（1）出售产品一批，售价585 000元（含税），货款收到存入银行。

（2）按出售产品的实际成本30 000元转账。

（3）销售材料一批，价款10 000元，增值税税额1 700元，货款尚未收到。

（4）结转上述材料的成本 6 000 元。

（5）以现金支付产品销售过程中的运输费、包装费 400 元。

（6）以银行存款支付管理部门的办公费 800 元。

（7）以银行存款支付银行借款利息 2 700 元。

（8）银行存款收到供货方赔偿的违约金 5 000 元。

（9）向希望工程捐款 3 000 元。

（10）计算本月应交纳的城市维护建设税和教育费附加。

（11）将上述业务的收入与费用支出等结转至“本年利润”账户。

（12）按利润总额的 25% 计算应交纳的所得税。

（13）将净利润结转至“利润分配——未分配利润”。

（14）按净利润的 20% 计算应付投资者的利润。

（15）按净利润的 10% 计算应提取的法定公积金。

（16）将“利润分配——提取盈余公积”、“利润分配——应付利润”明细账结转至“利润分配——未分配利润”。

（三）实训要求：根据实训资料编制会计分录填入表 1－10－7 内。

表 1－10－7　　　　四川天一有限公司会计分录簿

序号	经济业务摘要	会计分录
（1）		借： 贷：
（2）		借： 贷：
（3）		借： 贷：
（4）		借： 贷：
（5）		借： 贷：
（6）		借： 贷：
（7）		借： 贷：

表1-10-7(续)

序号	经济业务摘要	会计分录
(8)		借： 贷：
(9)		借： 贷：
(10)		借： 贷：
(11)		借： 贷： 借： 贷：
(12)		借： 贷：
(13)		借： 贷：
(14)		借： 贷：
(15)		借： 贷：
(16)		借： 贷：

第二部分 综合实训

实训一 记账凭证账务处理程序

一、知识要点

（一）账务处理程序是指会计凭证、会计账簿、会计报表、记账程序和记账方法相互结合的方式。它包括会计凭证和会计账簿的种类及格式的选择，会计凭证和会计账簿之间的联系方式，由取得原始凭证、编制记账凭证、登记明细账和总分类账到编制会计报表的方法和步骤。

（二）记账凭证账务处理程序是指对发生的经济业务，都要根据原始凭证或原始凭证汇总表编制记账凭证，根据记账凭证逐笔登记总分类账的一种账务处理程序。它的主要特点是：直接根据记账凭证逐笔登记总分类账。

（三）记账凭证账务处理程序的优点是账务处理程序简单明了，易于理解和掌握。总分类账能详细地反映第一项经济业务的发生和完成情况，利于会计凭证的装订和保管，有利于凭证与账簿的核对，也便于对经济业务的分析和检查。

记账凭证账务处理程序的缺点是：直接根据记账凭证逐笔登记总分类账，总账登记的工作量较大。

二、实训目标

掌握记账凭证账务处理程序的基本特点和技能。

三、实训资料

（一）四川天一有限公司属一般纳税人，2010 年 8 月末总账和明细账资料如表 2-1-1、表 2-1-2 表 2-1-3 所示，2010 年 1~8 月损益类账户累计发生额如表 2-1-4 所示。

表 2-1-1　四川天一有限公司2010年8月31日总账及有关明细账资料

金额单位：元

账户名称	借方余额		贷方余额	
	总账	明细账	总账	明细账
库存现金	15 000.00			
银行存款	530 000.00			
应收账款	960 000.00			
成都宏远有限公司		480 000.00		
成都飞跃有限公司		480 000.00		
其他应收款	3 500.00			
王林		2 000.00		
王方		1 500.00		
材料采购	15 000.00			
原材料	556 500.00			
库存商品	584 810.00			
周转材料	55 000.00			
固定资产净值	1 000 000.00			
累计折旧				
待处理财产损溢				
短期借款			500 000.00	
应付账款			100 000.00	
成都金鑫有限公司				
成都鹏程有限公司				100 000.00
其他应付款			8 000.00	
工会				8 000.00
应付职工薪酬			34 200.00	
应付工资				30 000.00
应付福利费				4 200.00
应交税费			100 800.00	
应交增值税				18 000.00
（销项税额）				288 000.00
（进项税额）		270 000.00		
应交城市维护建设税				1 260.00
应交所得税				81 000.00
应交教育费附加				540.00
其他应交款			24 810.00	
预提费用			203 000.00	
长期借款			800 000.00	
一年内到期借款				
实收资本			1 600 000.00	
资本公积				
盈余公积			25 000.00	
本年利润			324 000.00	
利润分配				
合　计	3 719 810.00		3 719 810.00	

表 2－1－2　　四川天一有限公司 2010 年 8 月 31 日原材料明细账资料　　金额单位：元

品　名	单 位	数　量	单 位 成 本	金　　额
甲材料	千克	5 000	81.00	405 000.00
乙材料	千克	1 000	101.00	101 000.00
丙材料	千克	500	101.00	50 500
合计		6 500		556 500.00

表 2－1－3　　四川天一有限公司 2010 年 8 月 31 日库存商品明细账资料　　金额单位：元

品　名	单 位	数　量	单 位 成 本	金　　额
01"产品	件	1 000	253.97	253 970.00
02"产品	件	1 000	330.84	330 840.00
合　计		2 000		584 810.00

表 2－1－4　　2010 年 1～8 月损益类账户累计发生额　　金额单位：元

账户名称	借方累计发生额	贷方累计发生额
主营业务收入		6 500 000.00
主营业务成本	4 000 000.00	
销售费用	900 000.00	
主营业务税金及附加	40 000.00	
其他业务收入		200 000.00
其他业务成本	160 000.00	
管理费用	300 000.00	
财务费用	700 000.00	
营业外收入		10 000.00
营业外支出	10 000.00	
所得税费用	150 000.00	

（二）四川天一有限公司 2010 年 9 月份发生下列经济业务：

（1）1 日，从银行提取现金 20 000 元备用。（原始凭证 2－1－1）

（2）2 日，从成都金鑫有限公司购进甲材料 5 000 千克，发票注明原材料价款 400 000 元，增值税 68 000 元，材料验收入库，货款及税款以转账支票支付。（原始凭证 2－1－2、2－1－3、2－1－4）

（3）2 日，销售部王方出差归来，报销差旅费 1 285 元，收回现金 215 元。（原始凭证 2－1－5、2－1－6）

（4）3 日，上月从成都鹏程有限公司采购的乙材料 1 000 千克验收入库，按实际成本 101 000 元入账。（原始凭证 2－1－7）

（5）4 日，销售给成都宏远有限公司 01#产品 800 件，每件 500 元，02#产品 500 件，每件 600 元，货款共计 700 000 元，增值税为 119 000 元，货款和税款存入银行。（原始凭证 2－1－8、2－1－9）

（6）4 日，仓库发出材料：生产 01#产品领用甲材料 2 500 千克，实际成本 202 500

元，领用乙材料 1 200 千克，实际成本 121 200 元；生产 02#产品领用甲材料 1 500 千克，实际成本 121 500 元，领用乙材料 600 千克，实际成本 60 600 元；车间耗用丙材料 120 千克，实际成本 12 120 元。（原始凭证 2－1－10）

（7）5 日，收到成都飞跃有限公司还来货款 480 000 元，存入银行。（原始凭证 2－1－11）

（8）6 日，行政管理部门领用丙材料 100 千克，实际成本 10 100 元。（原始凭证 2－1－12）

（9）8 日，成都宏远有限公司还来货款 480 000 元存入银行。（原始凭证 2－1－13）

（10）9 日，将提取的工会经费 8 000 拨交工会。（原始凭证 2－1－14）

（11）10 日，开出税务缴款书，上交增值税、所得税、城建税及教育费附加。（原始凭证 2－1－15、2－1－16、2－1－17、2－1－18）

（12）10 日，归还成都鹏程有限公司货款 100 000 元。（原始凭证 2－1－19）

（13）11 日，开出现金支票提取现金 30 000 元发放应付工资。（原始凭证 2－1－20）

（14）12 日，销售给成都发发公司甲材料 1 000 吨，单价 100 元，乙材料 500 吨，单价 120 元，增值税 27 200 元，价税款存入银行。（原始凭证 2－1－21、2－1－22）

（15）13 日，销售给成都飞跃有限公司 01#产品 600 件，每件 500 元，02#产品 500 件，每件 600 元，增值税 102 000 元，收到支票存入银行。（原始凭证 2－1－23、2－1－24）

（16）14 日，从成都鹏程有限公司购进乙材料 5 000 千克，计货款 500 000 元，运费 5 000 元，增值税 85 000 元，材料验收入库，货款未付。（原始凭证 2－1－25、2－1－26、2－1－27）

（17）15 日，以银行存款支付修理费 26 000 元，其中车间修理费 4 000 元，管理部门修理费 22 000 元。（原始凭证 2－1－28、2－1－29、2－1－30）

（18）17 日，销售给成都宏远有限公司 01#产品 800 件，每件 500 元，02#产品 500 件，每件 600 元，货款共计 700 000 元，增值税为 119 000 元，货款税款委托银行办理托收。（原始凭证 2－1－31、2－1－32）

（19）18 日，以银行存款支付管理部门办公费 900 元。（原始凭证 2－1－33、2－1－34）

（20）19 日，以银行存款支付产品广告费 205 600 元。（原始凭证 2－1－35、2－1－36）

（21）20 日，生产 01#产品领用甲材料 3 000 千克，实际成本 243 000 元，领用乙材料 1 200 千克，实际成本 121 200 元，生产 02#产品领用甲材料 2 000 千克，实际成本 162 000 元，领用乙材料 1 000 千克，实际成本 101 000 元，车间耗用丙材料 100 千克，实际成本 10 000 元，销售部门耗用丙材料 1 000 千克，实际成本 100 000 元，管理部门耗用丙材料 1 000 千克，实际成本 100 000 元。（原始凭证 2－1－37）

（22）21 日，银行转来成都金鑫有限公司托收凭证，购入甲材料 5 000 千克，单价 80 元，购入丙材料 1 000 千克，单价 100 元，增值税 85 000 元，两种材料共计支付运费 6 000 元，货款及运费全部承付，费用按重量比例分配。（原始凭证 2－1－38、2－1－39、2－1－40、2－1－41）

（23）22 日，报销汽油费 72 100 元，以转账支票支付。（原始凭证 2－1－42、2－1－43）

（24）23 日，仓库报来收料单，从成都金鑫有限公司购入的甲材料 5 000 千克、丙材料 1 000 千克验收入库。（原始凭证 2－1－44）

（25）24 日，在销售过程中为包装产品领用丙材料 50 千克，实际成本 5 050 元，管理部门维修领用丙材料 80 千克，实际成本 8 080 元。（原始凭证 2－1－45）

（26）25 日，以银行存款支付电费 22 000 元，其中生产用电 200 00 元，照明用电 2 000 元。（原始凭证 2－1－46、2－1－47、2－1－48）

（27）26 日，仓库盘点，乙材料盘亏 150 千克，原因待查。（原始凭证 2－1－49）

（28）27 日，以银行存款购入计算机 4 台，价值 20 000 元，增值税 3 400 元，验收交付使用。（原始凭证 2－1－50、2－1－51、2－1－52）

（29）30 日，分配结转本月工资总额 60 000 元，其中 01#产品生产工人工资 25 000 元，02#产品生产工人工资 15 000 元，车间管理人员工资 4 000 元，行政管理人员工资 16 000 元。（原始凭证 2－1－53）

（30）30 日，按工资总额 14% 计提福利费。（原始凭证 2－1－54）

（31）30 日，分摊本月应由管理部门负担的房租 1 500 元，应由车间负担财产保险费 3 500 元，应由管理部门负担财产保险费 200 元。（原始凭证 2－1－55）

（32）30 日，计提本月固定资产折旧费 8 000 元，其中车间固定资产折旧 6 000 元，管理部门固定资产折旧 2 000 元。（原始凭证 2－1－56）

（33）30 日，预提短期借款利息 101 500 元，大修理费 500 元。（原始凭证 2－1－57）

（34）30 日，分配结转制造费用，按工时分配，01#产品 3 000 小时，02#产品 1 500 小时。（原始凭证 2－1－58）

（35）30 日，结转本月完工产品实际生产成本，01#产品 3 000 件，02#产品 1 500 件，均已验收入库。（原始凭证 2－1－59、2－1－60）

（36）30 日，结转本月产品销售成本。本月销售 01#产品 2 200 件，02#产品 1 500 件。（原始凭证 2－1－61）

（37）31 日，按规定比例 7% 计提本月应交城市维护建设税，3% 计提应交教育费附加。（原始凭证 2－1－62）

（38）30 日，上月待处理短缺的甲材料 400 元，现已查明原因．系管理不善造成，经批准计管理费用。（原始凭证 2－1－63）

（39）30 日，结转本月材料销售成本。（原始凭证 2－1－64）

（40）30日，将本月损益账户余额结转“本年利润”账户。（原始凭证2－1－65）

（41）30日，按利润总额的25%计提应交所得税。（原始凭证2－1－66）

（42）30日，分别按净利润的10%、50%计提法定盈余公积和分配投资者利润。（原始凭证2－1－67）

原始凭证 2－1－1

中国工商银行现金支票存根

支票号码 川工 28195

科　　目 ____________

对方科目 ____________

签发日期 2010 年 9 月 1 日

收款人：四川天一有限公司
金额：20 000.00
用途：备用
备注：

单位主管　　会 计

复　　核　　记 账

原始凭证 2－1－2

四 川 省 增 值 税 专 用 发 票

2010 年 9 月 2 日　　川增 NO.9562

购货单位	名称	四川天一有限公司		纳税人登记号	89—356	
	地址名称			开户行及账号	工商银行成都金牛支行 89—356	
货物或应税劳务名称	计量单位	数量	单价	价款金额	税率%	税款金额
甲材料	千克	5 000	80.00	400 000.00	17	68 000.00
合　计		5 000		400 000.00		68 000.00
价税合计（大写）	肆拾陆万捌仟元整			合计：¥468 000.00		
销货单位	名称	成都金鑫有限公司		纳税人登记号	88—796	
	地址电话			开户行及账号	建设银行成都金牛支行 89—356	
备注						

收款人：徐平　　　　开票单位：成都金鑫有限公司

原始凭证 2－1－3

四川天一有限公司收料单

发货单位：成都金鑫有限公司　　　　2010 年 9 月 2 日

材料编号	材料名称	规格	计量单位	数量		实际价格				备注
				应收	实收	单价	发票金额	运杂费用	合计	
01	甲材料		千克	5 000	5 000	80.00	400 000.00		400 000.00	

质量检验记录	制造日期	合格证号	技术条件	质量状况	检查结论
	年　月			优	同意入库

采购人：　　　　检验员：　　　　记账员：　　　　保管员：王平

原始凭证 2－1－4

中国工商银行转账支票存根

支票号码　川工 97363

科　　目 ______________

对方科目 ______________

签发日期 2010 年 9 月 2 日

收款人：成都金鑫有限公司
金额：468 000.00
用途：购材料
备注：

单位主管　　　会 计

复　　核　　　记 账

原始凭证2－1－5

四川天一有限公司差旅费报销单

部门：销售部　　　　　填报日期：2010年9月2日

姓名	王方		出差事由			销售产品		出差日期		2010年11月25日至11月30日		
起讫时间及地点						车船费		出差补贴			住宿费	其他	
月	日	出发	月	日	到达	类别	金额	天数	标准	金额	金额	摘要	金额
11	25	成都	11	25	武汉	火车	200.00	6	50	300.00	400.00	车票	185.00
11	30	武汉	11	30	成都	火车	200.00						
总计金额：壹仟贰佰捌拾伍元整								预支1 500.00　核销1 285.00　退215.00					

主管：　　　　审核：　　　　填报人：王方

原始凭证2－1－6

四川天一有限公司收款收据

2010年9月2日　　　　编号：002458

交款单位（或个人）：王方			
摘要：退回结余差旅费			
人民币（大写）：贰佰壹拾伍元整　　¥215.00			
收款单位（盖章）		备注	

收款：李涛

原始凭证2－1－7

四川天一有限公司收料单

发货单位：成都鹏程有限公司　　　　2010年9月2日

材料编号	材料名称	规格	计量单位	数量		实际价格				备注
				应收	实收	单价	发票金额	运杂费用	合计	
02	乙材料		千克	1 000	1 000	100.00	100 000.00	1 000.00	101 000.00	

质量检验记录	制造日期	合格证号	技术条件	质量状况	检查结论
	年　月			优	同意入库

采购人：　　　检验员：　　　记账员：　　　保管员：王平

原始凭证 2-1-8

四　川　省　增　值　税　专　用　发　票

2010 年 9 月 2 日　　　　川增 NO. 8862

购货单位	名称	成都宏远有限公司		纳税人登记号	36—879	
	地址名称			开户行及账号	农业银行成都金牛支行 78—439	
货物或应税劳务名称	计量单位	数量	单价	价款金额	税率%	税款金额
01#产品	件	800	500.00	400 000.00	17	68 000.00
02#产品	件	500	600.00	300 000.00	17	51 000.00
合　计		1 300		700 000.00		119 000.00
价税合计（大写）	捌拾壹万玖仟元整　　合计：¥819 000.00					
销货单位	名称	四川天一有限公司		纳税人登记号	89—356	
	地址电话			开户行及账号	工商银行成都金牛支行 89—356	
备注						

收款人：李浪　　　　开票单位：四川天一有限公司

原始凭证 2-1-9

中国工商银行进账单（收账通知）

2010 年 9 月 4 日　　　　第 6 号

收款人	全　称	四川天一有限公司	付款人	全　称	成都宏远有限公司
	账　号	89—356		账　号	78—439
	开户银行	工商银行成都金牛支行		开户银行	农业银行成都金牛支行

人民币（大写）捌拾壹万玖仟元整	千	百	十	万	千	百	十	元	角	分
			8	1	9	0	0	0	0	0

票据种类	转账支票	收款人开户行盖章
票据张数	1	
单位主管　会计　复核　记账		

原始凭证 2－1－10

四川天一有限公司发出材料汇总表

2010 年 9 月 4 日　　单位：元

领料部门及用途	甲材料			乙材料			丙材料			原材料合计
	数量	单价	金额	数量	单价	金额	数量	单价	金额	
基本生产										
01#产品	2 500	81.00	202 500.00	1 200	101.00	121 200.00				323 700.00
02#产品	1 500	81.00	121 500.00	600	101.00	60 600.00				182 100.00
一般耗用							120	101.00	12 120.00	12 120.00
管理部门										
销售产品										
合计			324 000.00			181 800.00			12 120.00	517 920.00

发料人：钟飞　　收料人：郑非　　保管员：王平

原始凭证 2－1－11

中国工商银行进账单（收账通知）

2010 年 9 月 5 日　　第 9 号

收款人	全称	四川天一有限公司	付款人	全称	成都飞跃有限公司
	账号	89—356		账号	68—876
	开户银行	工商银行成都金牛支行		开户银行	中国银行成都金牛支行行

人民币（大写）肆拾捌万元整	千	百	十	万	千	百	十	元	角	分
			4	8	0	0	0	0	0	0

票据种类	转账支票	收款人开户行盖章
票据张数	1	
单位主管　会计　复核　记账		

原始凭证 2－1－12

四川天一有限公司发出材料汇总表

2010 年 9 月 6 日　　单位：元

领料部门及用途	甲材料			乙材料			丙材料			原材料合计
	数量	单价	金额	数量	单价	金额	数量	单价	金额	
基本生产										
01#产品										
02#产品										
一般耗用										
管理部门							100	101.00	10 100.00	10 100.00
销售产品										
合计									10 100.00	10 100.00

发料人：钟飞　　收料人：郑非　　保管员：王平

原始凭证 2－1－13

中国工商银行进账单（收账通知）

2010 年 9 月 8 日　　第 15 号

收款人	全　称	四川天一有限公司	付款人	全　称	成都宏远有限公司
	账　号	89—356		账　号	78—439
	开户银行	工商银行成都金牛支行		开户银行	农业银行成都金牛支行

人民币（大写）肆拾捌万元整	千	百	十	万	千	百	十	元	角	分
			4	8	0	0	0	0	0	0

票据种类	转账支票	收款人开户行盖章
票据张数	1	
单位主管　会计　复核　记账		

原始凭证 2－1－14

中国工商银行转账支票存根

支票号码 川工 97364

科　　目 ______________

对方科目 ______________

签发日期 2010 年 9 月 2 日

收款人：四川天一有限公司工会
金额：8 000.00
用途：工会经费
备注：

单位主管　　　会 计

复　　核　　　记 账

原始凭证 2－1－15

中华人民共和国税收缴款书

隶属关系：高级

经济类型：国有

收入机关：税务局　　　　填发日期：2010 年 9 月 10 日

预算科目	款	增值税		缴款单位	代码	103564328
	项	一般增值税			全称	四川天一有限公司
	级次	中央 75%	市级 25%		开户银行	工商银行成都金牛支行
收款国库		总金库	市金库		账号	78—439
税款所属时间 2010 年 11 月 30 日				税款限缴日期 2010 年 12 月 15 日		

品目名称	课税数量	计税金额或销售收入	应缴税额	已缴或扣除额	金额 千	百	十	万	千	百	十	元	角	分
增值税								1	8	0	0	0	0	0
金额合计（大写）壹万捌仟元整														

缴款单位（人）（盖章）经办人(章)	税务机关（盖章）分局 填票人(单)	上列款项已收妥并划转收款单位账户 国库(银行)盖章 年 月 日	备注	

逾期不缴按税法规定加收滞纳金

原始凭证 2－1－16

中华人民共和国税收缴款书

隶属关系：高级

经济类型：国有

收入机关：税务局　　　　　　　　　　　　填发日期：2010年9月10日

预算科目	款	所得税		缴款单位	代码	103564328
	项				全称	四川天一有限公司
	级次	中央60%	市级40%		开户银行	工商银行成都金牛支行
收款国库		总金库	市金库		账号	78—439
税款所属时间2010年11月30日				税款限缴日期2010年12月15日		

品目名称	课税数量	计税金额或销售收入	应缴税额	已缴或扣除额	金额									
					千	百	十	万	千	百	十	元	角	分
所得税								8	1	0	0	0	0	0
金额合计（大写）捌万壹仟元整														

缴款单位（人）（盖章）经办人（章）	税务机关（盖章）分局 填票人（单）	上列款项已收妥并划转收款单位账户 国库（银行）盖章 年 月 日	备注	

逾期不缴按税法规定加收滞纳金

原始凭证 2－1－17

中华人民共和国税收缴款书

隶属关系：高级
经济类型：国有

收入机关：税务局　　　　　　　　　　　　　　　填发日期：2010 年 9 月 10 日

<table>
<tr><td rowspan="3">预算科目</td><td>款</td><td colspan="3">城市维护建设税</td><td rowspan="4" colspan="2">缴款单位</td><td colspan="3">代码</td><td colspan="7">103564328</td></tr>
<tr><td>项</td><td colspan="3"></td><td colspan="3">全称</td><td colspan="7">四川天一有限公司</td></tr>
<tr><td>级次</td><td colspan="2">中央 0%</td><td>市级 100%</td><td colspan="3">开户银行</td><td colspan="7">工商银行成都金牛支行</td></tr>
<tr><td colspan="2">收款国库</td><td colspan="2">总金库</td><td>市金库</td><td colspan="3">账号</td><td colspan="7">78—439</td></tr>
<tr><td colspan="5">税款所属时间 2010 年 11 月 30 日</td><td colspan="12">税款限缴日期 2010 年 12 月 15 日</td></tr>
<tr><td rowspan="2">品目名称</td><td rowspan="2">课税数量</td><td rowspan="2">计税金额或销售收入</td><td rowspan="2">应缴税额</td><td rowspan="2">已缴或扣除额</td><td colspan="12">金　额</td></tr>
<tr><td colspan="2">千</td><td>百</td><td>十</td><td>万</td><td>千</td><td>百</td><td>十</td><td>元</td><td>角</td><td colspan="2">分</td></tr>
<tr><td>城市维护建设税</td><td></td><td></td><td></td><td></td><td colspan="2"></td><td></td><td></td><td></td><td>1</td><td>2</td><td>6</td><td>0</td><td>0</td><td colspan="2">0</td></tr>
<tr><td></td><td></td><td></td><td></td><td></td><td colspan="2"></td><td></td><td></td><td></td><td></td><td></td><td></td><td></td><td></td><td colspan="2"></td></tr>
<tr><td colspan="5">金额合计（大写）壹仟贰佰陆拾元整</td><td colspan="2"></td><td></td><td></td><td></td><td></td><td></td><td></td><td></td><td></td><td colspan="2"></td></tr>
<tr><td>缴款单位（人）
（盖章）
经办人（章）</td><td colspan="2">税务机关
（盖章）
分局
填票人（单）</td><td colspan="2">上列款项已收妥并划转收款单位账户
国库（银行）盖章
年　月　日</td><td>备注</td><td colspan="11"></td></tr>
</table>

逾期不缴按税法规定加收滞纳金

原始凭证 2－1－18

中华人民共和国税收缴款书

隶属关系：高级

经济类型：国有

收入机关：税务局　　　　　　　　填发日期：2010 年 9 月 10 日

<table>
<tr><td rowspan="3">预算科目</td><td>款</td><td colspan="3">教育费附加</td><td rowspan="4">缴款单位</td><td>代码</td><td colspan="10">103564328</td></tr>
<tr><td>项</td><td colspan="3"></td><td>全称</td><td colspan="10">四川天一有限公司</td></tr>
<tr><td>级次</td><td>中央 0%</td><td colspan="2">市级 100%</td><td>开户银行</td><td colspan="10">工商银行成都金牛支行</td></tr>
<tr><td colspan="2">收款国库</td><td>总金库</td><td colspan="2">市金库</td><td>账号</td><td colspan="10">78—439</td></tr>
<tr><td colspan="5">税款所属时间 2010 年 11 月 30 日</td><td colspan="12">税款限缴日期 2010 年 12 月 15 日</td></tr>
<tr><td rowspan="2">品目名称</td><td rowspan="2">课税数量</td><td rowspan="2">计税金额或销售收入</td><td rowspan="2">应缴税额</td><td rowspan="2">已缴或扣除额</td><td colspan="12">金额</td></tr>
<tr><td>千</td><td>百</td><td>十</td><td>万</td><td>千</td><td>百</td><td colspan="2">十</td><td>元</td><td>角</td><td colspan="2">分</td></tr>
<tr><td>教育费附加</td><td></td><td></td><td></td><td></td><td></td><td></td><td></td><td></td><td></td><td>5</td><td colspan="2">4</td><td>0</td><td>0</td><td colspan="2">0</td></tr>
<tr><td></td><td></td><td></td><td></td><td></td><td></td><td></td><td></td><td></td><td></td><td></td><td colspan="2"></td><td></td><td></td><td colspan="2"></td></tr>
<tr><td colspan="5">金额合计（大写）伍佰肆拾元整</td><td></td><td></td><td></td><td></td><td></td><td></td><td colspan="2"></td><td></td><td></td><td colspan="2"></td></tr>
<tr><td colspan="2">缴款单位
（人）
（盖章）
经办人(章)</td><td>税务机关
（盖章）
分局
填票人(单)</td><td colspan="2">上列款项已收妥并划转收款单位账户
国库(银行)盖章
年　月　日</td><td colspan="2">备注</td><td colspan="10"></td></tr>
</table>

逾期不缴按税法规定加收滞纳金

原始凭证 2－1－19

中国工商银行转账支票存根

支票号码　川工 97365

科　　目 ____________

对方科目 ____________

签发日期 2010 年 9 月 10 日

收款人：成都鹏程有限公司
金额：100 000.00
用途：偿还购材料款
备注：

单位主管　　　会 计

复　　核　　　记 账

原始凭证 2－1－20

中国工商银行现金支票存根

支票号码 川工 28196

科　　目 ______________

对方科目 ______________

签发日期 2010 年 9 月 11 日

收款人：四川天一有限公司
金额：30 000.00
用途：工资
备注：

单位主管　　会 计

复　　核　　记 账

原始凭证 2－1－21

四 川 省 增 值 税 专 用 发 票

2010 年 9 月 12 日　　　　川增 NO. 8863

购货单位	名称	成都发发有限公司		纳税人登记号	4972	
	地址名称			开户行及账号	农业银行成都青羊支行 48—245	
货物或应税劳务名称	计量单位	数量	单价	价款金额	税率%	税款金额
甲材料	千克	1 000	100.00	100 000.00	17	17 000.00
乙材料	千克	500	120.00	60 000.00	17	10 200.00
合　计		1 500		160 000.00		27 200.00
价税合计（大写）	壹拾捌万柒仟贰佰元整			合计：¥187 200.00		
销货单位	名称	四川天一有限公司		纳税人登记号	89—356	
	地址名称			开户行及账号	工商银行成都金牛支行 89—356	
备注						

收款人：李浪　　　　开票单位：四川天一有限公司

原始凭证 2－1－22

中国工商银行进账单（收账通知）

2010 年 9 月 12 日　　第 17 号

<table>
<tr><td rowspan="3">收款人</td><td>全称</td><td>四川天一有限公司</td><td rowspan="3">付款人</td><td>全称</td><td colspan="10">成都发发有限公司</td></tr>
<tr><td>账号</td><td>89—356</td><td>账号</td><td colspan="10">48—245</td></tr>
<tr><td>开户银行</td><td>工商银行成都金牛支行</td><td>开户银行</td><td colspan="10">农业银行成都青羊支行</td></tr>
<tr><td colspan="5" rowspan="2">人民币（大写）壹拾捌万柒仟贰佰元整</td><td>千</td><td>百</td><td>十</td><td>万</td><td>千</td><td>百</td><td>十</td><td>元</td><td>角</td><td>分</td></tr>
<tr><td></td><td></td><td>1</td><td>8</td><td>7</td><td>7</td><td>0</td><td>0</td><td>0</td><td>0</td></tr>
<tr><td colspan="2">票据种类</td><td colspan="3">转账支票</td><td colspan="10" rowspan="3">收款人开户行盖章</td></tr>
<tr><td colspan="2">票据张数</td><td colspan="3">1</td></tr>
<tr><td colspan="5">单位主管　会计　复核　记账</td></tr>
</table>

此联是收款人开户银行交收款人的收账通知

原始凭证 2－1－23

四 川 省 增 值 税 专 用 发 票

2010 年 9 月 13 日　　川增 NO. 8862

<table>
<tr><td rowspan="2">购货单位</td><td>名称</td><td colspan="2">成都飞跃有限公司</td><td colspan="2">纳税人登记号</td><td colspan="2">36—879</td></tr>
<tr><td>地址名称</td><td colspan="2"></td><td colspan="2">开户行及账号</td><td colspan="2">中国银行成都金牛支行</td></tr>
<tr><td colspan="2">货物或应税劳务名称</td><td>计量单位</td><td>数量</td><td>单价</td><td>价款金额</td><td>税率%</td><td>税款金额</td></tr>
<tr><td colspan="2">01#产品</td><td>件</td><td>600</td><td>500.00</td><td>300 000.00</td><td>17</td><td>51 000.00</td></tr>
<tr><td colspan="2">02#产品</td><td>件</td><td>500</td><td>600.00</td><td>300 000.00</td><td>17</td><td>51 000.00</td></tr>
<tr><td colspan="2"></td><td></td><td></td><td></td><td></td><td></td><td></td></tr>
<tr><td colspan="2">合　计</td><td></td><td>1 100</td><td></td><td>600 000.00</td><td></td><td>102 000.00</td></tr>
<tr><td colspan="2">价税合计（大写）</td><td colspan="6">柒拾万零贰仟元整　　合计：¥702 000.00</td></tr>
<tr><td rowspan="2">销货单位</td><td>名称</td><td colspan="2">四川天一有限公司</td><td colspan="2">纳税人登记号</td><td colspan="2">89—356</td></tr>
<tr><td>地址名称</td><td colspan="2"></td><td colspan="2">开户行及账号</td><td colspan="2">工商银行成都金牛支行 89—356</td></tr>
<tr><td>备注</td><td colspan="7"></td></tr>
</table>

收款人：李浪　　开票单位：四川天一有限公司

原始凭证 2－1－24

中国工商银行进账单（收账通知）

2010 年 9 月 13 日　　　　第 21 号

<table>
<tr><td rowspan="3">收款人</td><td>全　称</td><td>四川天一有限公司</td><td rowspan="3">付款人</td><td>全　称</td><td colspan="9">成都飞跃有限公司</td></tr>
<tr><td>账　号</td><td>89—356</td><td>账　号</td><td colspan="9">68—876</td></tr>
<tr><td>开户银行</td><td>工商银行成都金牛支行</td><td>开户银行</td><td colspan="9">中国银行成都金牛支行</td></tr>
<tr><td colspan="4" rowspan="2">人民币（大写）柒拾万零贰仟元整</td><td>千</td><td>百</td><td>十</td><td>万</td><td>千</td><td>百</td><td>十</td><td>元</td><td>角</td><td>分</td></tr>
<tr><td></td><td></td><td>7</td><td>0</td><td>2</td><td>0</td><td>0</td><td>0</td><td>0</td><td>0</td></tr>
<tr><td colspan="2">票据种类</td><td colspan="2">转账支票</td><td colspan="10" rowspan="3">收款人开户行盖章</td></tr>
<tr><td colspan="2">票据张数</td><td colspan="2">1</td></tr>
<tr><td colspan="4">单位主管　　会计　　复核　　记账</td></tr>
</table>

此联是收款人开户银行交收款人的收账通知

原始凭证 2－1－25

四 川 省 增 值 税 专 用 发 票

2010 年 9 月 14 日　　　　川增 NO. 6812

<table>
<tr><td rowspan="2">购货单位</td><td>名称</td><td colspan="3">四川天一有限公司</td><td>纳税人登记号</td><td colspan="2">89—356</td></tr>
<tr><td>地址名称</td><td colspan="3"></td><td>开户行及账号</td><td colspan="2">工商银行成都金牛支行 89—356</td></tr>
<tr><td colspan="2">货物或应税劳务名称</td><td>计量单位</td><td>数量</td><td>单价</td><td>价款金额</td><td>税率%</td><td>税款金额</td></tr>
<tr><td colspan="2">乙材料</td><td>千克</td><td>5 000</td><td>100.00</td><td>500 000.00</td><td>17</td><td>85 000.00</td></tr>
<tr><td colspan="2"></td><td></td><td></td><td></td><td></td><td></td><td></td></tr>
<tr><td colspan="2"></td><td></td><td></td><td></td><td></td><td></td><td></td></tr>
<tr><td colspan="2">合　计</td><td></td><td>5 000</td><td></td><td>500 000.00</td><td></td><td>85 000.00</td></tr>
<tr><td colspan="2">价税合计（大写）</td><td colspan="6">伍拾捌万伍仟元整　　　　合计：¥585 000.00</td></tr>
<tr><td rowspan="2">销货单位</td><td>名称</td><td colspan="3">成都鹏程有限公司</td><td>纳税人登记号</td><td colspan="2">97—357</td></tr>
<tr><td>地址电话</td><td colspan="3"></td><td>开户行及账号</td><td colspan="2">交通银行成都金牛支行 87—428</td></tr>
<tr><td>备注</td><td colspan="7"></td></tr>
</table>

收款人：徐平　　　　开票单位：

原始凭证 2－1－26

公路运输收据

2010 年 9 月 14 日

托运单位	四川天一有限公司		起站	成都市	讫站	成都市
货物名称	件数	计费量	吨公里	计费单价	车号	
乙材料	500	1 000	1 000	5.00		
金额（大写）伍仟元整 ¥5 000.00					备注	

主管： 会计：周三 复核：谭笑 开票：罗立

原始凭证 2－1－27

四川天一有限公司收料单

发货单位：成都鹏程有限公司 2010 年 9 月 14 日

材料编号	材料名称	规格	计量单位	数量		实际价格				备注
				应收	实收	单价	发票金额	运杂费用	合计	
01	乙材料		千克	5 000	5 000	100.00	500 000.00	5 000.00	505 000.00	

质量检验记录	制造日期	合格证号	技术条件	质量状况	检查结论
	年 月			优	同意入库

采购人： 检验员： 记账员： 保管员：王平

原始凭证 2－1－28

中国工商银行转账支票存根

支票号码 川工 97366

科 目 ______________

对方科目 ______________

签发日期 2010 年 9 月 15 日

收款人：
金额：26 000.00
用途：维修费
备注：

单位主管 会 计

复 核 记 账

原始凭证 2－1－29

成都市服务业发票

客户：四川天一有限公司　　2010 年 9 月 15 日　　NO. 4789

项　目	单位	数量	单价	金额								
				十	万	千	百	十	元	角	分	
房屋维修					2	6	0	0	0	0	0	
合计（大写）	贰万陆仟元整											

收款单位：成都维成修理部　　开票人：陈程　　收款人：苏三

原始凭证 2－1－30

四川天一有限公司费用分配表

2010 年 9 月 15 日

部　门	分配标准（平方米）	维修费	合计
车　间	500	4 000.00	
管理部门	250	22 000.00	
合　计		26 000.00	

原始凭证 2－1－31

四川省增值税专用发票

2010 年 9 月 17 日　　川增 NO. 8863

购货单位	名称	成都宏远有限公司		纳税人登记号	78—439	
	地址名称			开户行及账号	农业银行成都金牛支行	
货物或应税劳务名称	计量单位	数量	单价	价款金额	税率%	税款金额
01#产品	件	800	500.00	400 000.00	17	68 000.00
02#产品	件	500	600.00	300 000.00	17	51 000.00
合　计		1 100		700 000.00		119 000.00
价税合计（大写）	捌拾壹万玖仟元整　　合计：819 000.00					
销货单位	名称	四川天一有限公司		纳税人登记号	89—356	
	地址名称			开户行及账号	工商银行成都金牛支行 89—356	
备注						

收款人：李浪　　开票单位：四川天一有限公司

原始凭证 2－1－32

中国工商银行托收承付结算凭证（回单）

委托日期： 2010 年 9 月 17 日 第 9 号

<table>
<tr><td rowspan="3">收款人</td><td>全 称</td><td>四川天一有限公司</td><td rowspan="3">付款人</td><td>全 称</td><td colspan="10">成都宏远有限公司</td></tr>
<tr><td>账 号</td><td>89—356</td><td>账 号</td><td colspan="10">78—439</td></tr>
<tr><td>开户银行</td><td>工商银行成都金牛支行</td><td>开户银行</td><td colspan="10">农业银行成都金牛支行</td></tr>
<tr><td colspan="4" rowspan="2">人民币（大写） 捌拾壹万玖仟元整</td><td>千</td><td>百</td><td>十</td><td>万</td><td>千</td><td>百</td><td>十</td><td>元</td><td>角</td><td>分</td></tr>
<tr><td></td><td></td><td>8</td><td>1</td><td>9</td><td>0</td><td>0</td><td>0</td><td>0</td><td>0</td></tr>
<tr><td colspan="2">附件：发票</td><td colspan="2">商品发运情况</td><td colspan="10">合同号码</td></tr>
<tr><td colspan="2">票据 1 张</td><td colspan="2">托运</td><td colspan="10">0315</td></tr>
<tr><td colspan="4">单位主管 会计 复核 记账</td><td colspan="5">收款人开户行盖章</td><td colspan="5">中国工商银行
成都金牛支行</td></tr>
</table>

原始凭证 2－1－33

中国工商银行现金支票存根

支票号码 川工 28197

科 目 ______________

对方科目 ______________

签发日期 2010 年 9 月 11 日

收款人：成都九九办公用品商场
金额：900.00
用途：购办公用品
备注：

单位主管 会计

复 核 记账

原始凭证 2－1－34

成都市工商企业统一发票

客户：四川天一有限公司 2010 年 9 月 18 日 NO. 5789

<table>
<tr><td rowspan="2">项 目</td><td rowspan="2">单位</td><td rowspan="2">数量</td><td rowspan="2">单价</td><td colspan="8">金 额</td><td rowspan="2"></td></tr>
<tr><td>十</td><td>万</td><td>千</td><td>百</td><td>十</td><td>元</td><td>角</td><td>分</td></tr>
<tr><td>复印纸</td><td>盒</td><td>10</td><td>60.00</td><td></td><td></td><td></td><td>6</td><td>0</td><td>0</td><td>0</td><td>0</td><td></td></tr>
<tr><td>墨粉</td><td>盒</td><td>2</td><td>150.00</td><td></td><td></td><td></td><td>3</td><td>0</td><td>0</td><td>0</td><td>0</td><td></td></tr>
<tr><td>合计（大写）</td><td colspan="3">玖佰元整</td><td></td><td></td><td>¥</td><td>9</td><td>0</td><td>0</td><td>0</td><td>0</td><td></td></tr>
</table>

收款单位：成都九九办公用品商场 开票人：陈程 收款人：苏三

原始凭证 2－1－35

成都市广告统一发票

客户：四川天一有限公司　　　　2010 年 9 月 19 日　　　　地税 A 字 456 号

项　目	单位	数量	单价	金额 十	万	千	百	十	元	角	分	
广　告	次	20	10 280.00	2	0	5	6	0	0	0	0	
合计（大写）	贰拾万伍仟陆佰元整			2	0	5	6	0	0	0	0	

收款单位：成都商报　　　　开票人：朱明　　　　收款人：蔡忠

原始凭证 2－1－36

中国工商银行转账支票存根

支票号码　川工 97367

科　　目 ______________

对方科目 ______________

签发日期 2010 年 9 月 18 日

收款人：成都商报
金额：205 600.00
用途：广告费
备注：

单位主管　　会 计

复　　核　　记 账

原始凭证 2－1－37

四川天一有限公司发出材料汇总表

2010 年 9 月 20 日　　　　单位：元

领料部门及用途	甲材料 数量	甲材料 单价	甲材料 金额	乙材料 数量	乙材料 单价	乙材料 金额	丙材料 数量	丙材料 单价	丙材料 金额	原材料合计
基本生产										
01#产品	3 000	81.00	243 000.00	1 200	101.00	121 200.00				364 200.00
02#产品	2 000	81.00	162 000.00	1 000	101.00	101 000.00				263 000.00
一般耗用							100	100.00	10 000.00	10 000.00
管理部门							1 000	100.00	100 000.00	100 000.00
销售产品							1 000	100.00	100 000.00	100 000.00
合计			405 000.00			222 200.00			210 000.00	837 200.00

发料人：钟飞　　　　收料人：郑非　　　　保管员：王平

原始凭证 2－1－38

四 川 省 增 值 税 专 用 发 票

2010 年 9 月 21 日　　　　川增 NO. 9562

<table>
<tr><td rowspan="2">购货单位</td><td>名称</td><td colspan="2">四川天一有限公司</td><td colspan="2">纳税人登记号</td><td>89—356</td></tr>
<tr><td>地址名称</td><td colspan="2"></td><td colspan="2">开户行及账号</td><td>工商银行成都金牛支行 89—356</td></tr>
<tr><td colspan="2">货物或应税劳务名称</td><td>计量单位</td><td>数量</td><td>单价</td><td>价款金额</td><td>税率%</td><td>税款金额</td></tr>
<tr><td colspan="2">甲材料</td><td>千克</td><td>5 000</td><td>80. 00</td><td>400 000. 00</td><td>17</td><td>68 000. 00</td></tr>
<tr><td colspan="2">丙材料</td><td>千克</td><td>1 000</td><td>100. 00</td><td>100 000. 00</td><td>17</td><td>17 000. 00</td></tr>
<tr><td colspan="2"></td><td></td><td></td><td></td><td></td><td></td><td></td></tr>
<tr><td colspan="2">合　计</td><td></td><td>5 000</td><td></td><td>500 000. 00</td><td></td><td>85 000. 00</td></tr>
<tr><td colspan="2">价税合计（大写）</td><td colspan="6">伍拾捌万伍仟元整　　合计：￥585 000. 00</td></tr>
<tr><td rowspan="2">销货单位</td><td>名称</td><td colspan="2">成都金鑫有限公司</td><td colspan="2">纳税人登记号</td><td>88—796</td></tr>
<tr><td>地址电话</td><td colspan="2"></td><td colspan="2">开户行及账号</td><td>建设银行成都金牛支行 89—356</td></tr>
<tr><td>备注</td><td colspan="7"></td></tr>
</table>

收款人：徐平　　　　开票单位：成都金鑫有限公司

原始凭证 2－1－39

中国工商银行托收承付结算凭证（支款通知）

委托日期：　　2010 年 9 月 21 日　　　　第 19 号

<table>
<tr><td rowspan="3">收款人</td><td>全 称</td><td>成都金鑫有限公司</td><td rowspan="3">付款人</td><td>全 称</td><td colspan="10">四川天一有限公司</td></tr>
<tr><td>账 号</td><td>89—356</td><td>账 号</td><td colspan="10">89—356</td></tr>
<tr><td>开户银行</td><td>建设银行成都金牛支行</td><td>开户银行</td><td colspan="10">工商银行成都金牛支行</td></tr>
<tr><td colspan="5" rowspan="2">人民币（大写）　伍拾玖万壹仟元整</td><td>千</td><td>百</td><td>十</td><td>万</td><td>千</td><td>百</td><td>十</td><td>元</td><td>角</td><td>分</td></tr>
<tr><td></td><td></td><td>5</td><td>9</td><td>1</td><td>0</td><td>0</td><td>0</td><td>0</td><td>0</td></tr>
<tr><td colspan="2">附件：发票</td><td colspan="3">商品发运情况</td><td colspan="10">合同号码</td></tr>
<tr><td colspan="2">票据 2 张</td><td colspan="3">托运</td><td colspan="10">0315</td></tr>
<tr><td colspan="5">单位主管　　会计　　复核　　记账</td><td colspan="5">收款人开户行盖章</td><td colspan="5">建设银行成都金牛支行业务专用章</td></tr>
</table>

原始凭证 2-1-40

公路运输收据

2010 年 9 月 21 日

托运单位	四川天一有限公司		起站	成都市	讫站	成都市
货物名称	件数	计费量	吨公里	计费单价	车号	
甲材料	500	1 000	1 000	5.00		
丙材料	100	200	200	5.00		
金额（大写）陆仟元整　　¥6 000.00					备注	

主管：　　会计：周三　　复核：谭笑　　开票：罗立

原始凭证 2-1-41

四川天一有限公司运费分配表

2010 年 9 月 21 日

材料名称	分配标准（千克）	分配率	金额
甲材料	5 000	1.00	5 000.00
丙材料	1 000	1.00	1 000.00
合计	6 000		6 000.00

原始凭证 2-1-42

成都市石油公司发票联

客户：四川天一有限公司　　2010 年 9 月 22 日　　NO. 00445

项　目	单位	数量	单价	金额								
				十	万	千	百	十	元	角	分	
汽油	公升	103 000	7.00		7	2	1	0	0	0	0	
合计（大写）	柒万贰仟壹佰元			¥	7	2	1	0	0	0	0	

收款单位：成都天回油站　　收款人：张强

原始凭证 2－1－43

中国工商银行转账支票存根
支票号码　川工 97368
科　　目 ______________
对方科目 ______________
签发日期 2010 年 9 月 22 日
收款人：成都天回油站
金额：72 100.00
用途：汽油费
备注：
单位主管　　　会 计
复　　核　　　记 账

原始凭证 2－1－44

四川天一有限公司收料单

发货单位：成都金鑫有限公司　　　　2010 年 9 月 23 日

材料编号	材料名称	规格	计量单位	数量		实际价格				备注
				应收	实收	单价	发票金额	运杂费用	合计	
01	甲材料		千克	5 000	5 000	80.00	400 000.00	5 000.00	405 000.00	
03	丙材料			1 000	1 000	100.00	100 000.00	1 000.00	101 000.00	

质量检验记录	制造日期	合格证号	技术条件	质量状况	检查结论
	年　月			优	同意入库

采购人：　　　　检验员：　　　　记账员：　　　　保管员：王平

原始凭证 2－1－45

四川天一有限公司发出材料汇总表

2010 年 9 月 24 日　　　　单位：元

领料部门及用途	甲材料			乙材料			丙材料			原材料合计
	数量	单价	金额	数量	单价	金额	数量	单价	金额	
基本生产										
01#产品										
02#产品										
一般耗用										
管理部门							80	101.00	8 080.00	
销售产品							50	101.00	5 050.00	
合计										

发料人：钟飞　　　　收料人：郑非　　　　保管员：王平

原始凭证 2－1－46

成都市供电公司电费收据

2010 年 9 月 25 日

用户名称	四川天一有限公司		开户银行		工商银行成都金牛支行	账号	89—356
收费时间	2010 年 8 月 25 日至 2010 年 9 月 24 日						
电费项目	动力电（度）	20 000	计费单价	1.00	计费金额	20 000.00	
	照明电（度）	4 000	计费单价	0.50	计费金额	2 000.00	
合计	贰万贰仟元整					22 000.00	

主管：　　抄表：吴卫　　制单：赵松　　开票单位：成都市供电公司

原始凭证 2－1－47

中国工商银行托收承付结算凭证（支款通知）

委托日期：　　2010 年 9 月 25 日　　第 23 号

收款人	全 称	成都市供电公司	付款人	全 称	四川天一有限公司
	账 号	49—428		账 号	89—356
	开户银行	建设银行成都市支行		开户银行	工商银行成都金牛支行

人民币（大写）	千	百	十	万	千	百	十	元	角	分
贰万贰仟元整				2	2	0	0	0	0	0

附件：发票	商品发运情况	合同号码
票据 1 张	托运	0315
单位主管　会计　复核　记账	收款人开户行盖章	建设银行成都金牛支行业务专用章

原始凭证 2－1－48

四川天一有限公司外购动力分配表

2010 年 9 月 25 日

项 目	用电量（度）	计费单价	金额	备注
生产用电	20 000	1.00	20 000.00	
照明用电	4 000	0.50	2 000.00	

原始凭证 2－1－49

四川天一有限公司存货盘点盈亏报告单

2010 年 9 月 26 日

存货名称	数量		单价	盘亏		盘盈		盘亏盘盈原因
	账存	实存		数量	金额	数量	金额	
乙材料			101.00	150	15 150.00			待查
审批意见：查明原因后处理								

会计：　　　负责人：王平　　　经手人：伍洪

原始凭证 2－1－50

中国工商银行转账支票存根

支票号码　川工 97368

科　　目 ____________

对方科目 ____________

签发日期 2010 年 9 月 27 日

收款人：成都文化用品商场
金额：23 400.00
用途：购电脑
备注：

单位主管　　会 计

复　　核　　记 账

原始凭证 2－1－51

四川天一有限公司固定资产验收单

供货单位：成都文化用品商场　　　　编号：0112

发票号码：0045684　　　2010 年 9 月 27 日

材料编号	材料名称	规格	计量单位	数量		实际价格				备注
				应收	实收	单价	发票金额	运杂费用	合计	
	电脑		台	4	4	500.00	20 000.00		20 000.00	其中增值税 3 400.00 元

质量检验记录	制造日期	合格证号	技术条件	质量状况	检查结论
	年　月	甲 056		优	同意入库

采购人：　　　检验员：罗欣　　　记账员：戴安　　　使用部门：办公室

原始凭证 2－1－52

四 川 省 增 值 税 专 用 发 票

2010 年 9 月 27 日　　　　川增 NO. 0045684

购货单位	名称	四川天一有限公司		纳税人登记号	89—356	
	地址名称			开户行及账号	工商银行成都金牛支行 89—356	

货物或应税劳务名称	计量单位	数量	单价	价款金额	税率%	税款金额
电脑	台	4	5 000.00	20 000.00	17	3 400.00
合　计				20 000.00		3 400.00
价税合计（大写）	贰万叁仟肆佰元整			合计：23 400.00		

销货单位	名称	成都文化用品商场	纳税人登记号	66—486
	地址电话		开户行及账号	建设银行成都锦江支行 88—156
备注				

收款人：徐尽　　　　开票单位：成都文化用品商场

原始凭证 2－1－53

四川天一有限公司工资分配表

2010 年 9 月 30 日

项　目	工资总额				备注
	基本工资	津贴补贴	奖金	合计	
01#产品工人工资	20 000.00	4 500.00	500.00	25 000.00	
02#产品工人工资	12 000.00	2 500.00	500.00	15 000.00	
车间管理人员	3 000.00	800.00	200.00	4 000.00	
行政管理人员	10 000.00	5 200.00	800.00	16 000.00	
合计				60 000.00	

原始凭证 2-1-54

四川天一有限公司职工福利费计提表

2010 年 9 月 30 日

项目	工资总额	计提比例	计提金额	备注
01#产品工人工资	25 000.00	14%	3 500.00	
02#产品工人工资	15 000.00	14%	2 100.00	
车间管理人员	4 000.00	14%	560.00	
行政管理人员	16 000.00	14%	2 240.00	
合计	60 000.00		8 400.00	

原始凭证 2-1-55

四川天一有限公司周转材料分配表

2010 年 9 月 30 日

应借科目	分摊项目			合计
	房租费用	财产保险费		
制造费用	3 500.00			3 500.00
管理费用	1 500.00	200.00		1 700.00
合　计	5 000.00	200.00		5 200.00

原始凭证 2-1-56

四川天一有限公司固定资产折旧计算提取表

2010 年 9 月 30 日

应借科目	固定资产类别	固定资产月初原值	月折旧率	月折旧额
制造费用	生产线设备	600 000.00	1%	6 000.00
管理费用	车辆等	400 000.00	0.5%	2 000.00
合　计		1 000 000.00		8 000.00

原始凭证 2-1-57

四川天一有限公司应付费用分配表

2010 年 9 月 30 日

应借科目	预提费用项目			合计
	大修理费	借款利息		
财务费用		101 500.00		101 500.00
管理费用	500.00			500.00
合　计	500.00	101 500.00		102 000.00

原始凭证2－1－58（先计算填列有关内容，再进行账务处理）

四川天一有限公司制造费用分配表

2010年9月30日

产　品	分配标准（工时）	分配率	分配金额	备　注
01#产品	3 000			
02#产品	1 500			
合　计	4 500			

原始凭证2－1－59（先计算填列有关内容，再进行账务处理）

四川天一有限公司产品生产成本计算单

2010年9月30日

成本项目	01 #产品（3 000件）		02#产品（1 500件）	
	总成本	单位成本	总成本	单位成本
生产成本				
制造费用				
合计				

原始凭证2－1－60（先计算填列有关内容，再进行账务处理）

四川天一有限公司产成品入库单（财会记账联）

2010年9月30日

品　名	规格	计量单位	入库数量	单位成本	总成本								
					百	十	万	千	百	十	元	角	分
01#产品		件	3 000										
02#产品		件	1 500										
合　计													

负责人：　　　　记账：　　　　验收：王平　　　　经办人：

原始凭证 2-1-61（先计算填列有关内容，再进行账务处理）

四川天一有限公司产品销售成本计算表

2010 年 9 月 30 日

产　品	销售数量（件）	单位成本	金额	备　注
01#产品				
02#产品				
合　计				

原始凭证 2-1-62（先计算填列有关内容，再进行账务处理）

四川天一有限公司城建税及教育附加费用计提表

2010 年 9 月 30 日

税种	计税金额	税率	应纳税额	备 注
城市维护建设税				
教育费附加				
合计				

原始凭证 2-1-63

四川天一有限公司存货盘点盈亏报告单

2010 年 9 月 30 日

存货编号	存货名称	数量		单价	盘亏		盘盈		盘亏盘盈原因
		账存	实存		数量	金额	数量	金额	
	甲材料				5	400.00			管理不善
审批意见：盘亏的甲材料列入管理费用									

会计：　　负责人：刘新　　经手人：王平

原始凭证 2-1-64

四川天一有限公司材料销售成本计算表

2010 年 9 月 30 日

产　品	销售数量（件）	单位成本	金额	备　注
甲材料	1 000	81.00	81 000.00	
乙材料	500	101.00	50 500.00	
合　计	1 500		131 500.00	

原始凭证2－1－65（先计算填列有关内容，再进行账务处理）

四川天一有限公司各损益类账户余额表

2010年9月30日 单位：元

收入账户	余额	费用成本账户	余额
主营业务收入		主营业务成本	
其他业务收入		销售费用	
营业外收入		主营业务税金及附加	
投资收益		其他业务成本	
管理费用			
财务费用			
营业外支出			
合　计		合　计	

原始凭证2－1－66（先计算填列有关内容，再进行账务处理）

四川天一有限公司所得税计算表

2010年9月30日 单位：元

项目	利润总额	税率	应交税额
所得税		25%	

原始凭证2－1－67（先计算填列有关内容，再进行账务处理）

四川天一有限公司利润分配表

2010年9月30日 单位：元

项目	净利润	比例	金额
盈余公积		10%	
应付利润		50%	

四、实训材料

收款凭证、付款凭证、转账凭证各一本，总账、现金日记账、银行存款日记账、明细账各一册，资产负债表、利润表各一份。

五、实训要求

（一）建账。

根据资料（一）开设总账、现金日记账、银行存款日记账以及应收账款、其他应收款、其他应付款、原材料、产成品、生产成本等明细账。

（二）审核原始凭证和编制会计凭证。

根据资料（二）审核原始凭证，将审核无误的原始凭证裁剪下来。

采用收款凭证、付款凭证、转账凭证编制记账凭证，把原始凭证附在有关记账凭证后面；按经济业务顺序对编制的记账凭证编号。

（三）登记总账及有关明细账。

根据审核后的收款凭证和付款凭证登记现金和银行存款日记账，根据记账凭证登记明细账和总账，对总账与日记账及明细账核对后进行结账，编制发生额及余额试算平衡表。

（四）编制会计报表。

（1）根据所编制的试算平衡表编制资产负债表（年初数略）。

（2）根据实训要求（三）编制四川天一有限公司2010年9月份损益类账户的发生额表（表2－1－5）。

表2－1－5　　四川天一有限公司9月损益类账户累计发生额　　金额单位：元

账户名称	借方累计发生额	贷方累计发生额
主营业务收入		
主营业务成本		
销售费用		
主营业务税金及附加		
其他业务收入		
其他业务成本		
管理费用		
财务费用		
营业外收入		
营业外支出		
所得税费用		

（3）根据表2－1－4四川天一有限公司2010年1～8月损益类账户累计发生额及表2－1－5四川天一有限公司2010年9月份损益类账户的发生额编制利润表。

（五）整理会计资料。

将凭证折叠整齐，填写凭证封面，将会计凭证装订成册；将会计报表按资产负债表、利润表的顺序加封面装订成册。

实训二　科目汇总表账务处理程序

一、知识要点

（一）科目汇总表账务处理程序是指对发生的经济业务，根据原始凭证或原始凭证汇总表编制记账凭证，再根据记账凭证定期（每天、每旬）编制科目汇总表，然后根据科目汇总表登记总账的一种账务处理程序。它的主要特点是：根据记账凭证定期编制科目汇总表，然后再根据科目汇总表登记总账。

（二）科目汇总表账务处理程序的优点是：大大简化了总分类账的登记工作；通过编制科目汇总表进行试算平衡，可及时发现填制凭证和汇总过程中的错误。

科目汇总表账务处理程序的缺点是：科目汇总表不分对应科目进行汇总，不能反映各科目的对应关系，不能反映经济业务的内容和由此引起的资金运动的来龙去脉，不便于通过总分类账对经济活动进行分析和检查。

二、实训目标

掌握科目汇总表账务处理程序的基本特点和技能。

三、实训资料

（一）四川天一有限公司为一般纳税人，2010 年 1 月初总账账户期初余额如表 2－2－1 所示。

表 2－2－1　　四川天一有限公司 2010 年 1 月初总账账户期初余额

账户名称	借方余额		贷方余额	
	总账	明细账	总账	明细账
库存现金	5 006.00			
银行存款	600 000.00			
其他货币资金				
应收账款	450 000.00			
成都飞跃有限公司		270 000.00		
成都宏远有限公司		180 000.00		
预付账款				
其他应收款	3 500.00			
王方		2 000.00		
周消		1 500.00		
原材料	263 000.00			
库存商品	348 294.00			
周转材料				
包装物				

表2－2－1(续)

账户 名称	借方余额		贷方余额	
	总账	明细账	总账	明细账
低值易耗品				
固定资产原值	1 200 000.00			
累计折旧	200 000.00			
固定资产净值	1 000 000.00			
待处理财产损溢				
短期借款			500 000.00	
应付账款			330 000.00	
成都金鑫有限公司				150 000.00
成都鹏程有限公司				180 000.00
预收账款				
应付职工薪酬			60 000.00	
应付工资				60 000.00
应交税费			275 160.00	
应交增值税				88 000.00
(销项税额)				268 000.00
(进项税额)				180 000.00
应交城市维护建				6 160.00
设税				181 000.00
应交所得税			2 640.00	
其他应交款				2 640.00
应交教育费附加			10 000.00	
其他应付款				10 000.00
工会				
应付利息			92 000.00	
应付利润			1 500 000.00	
实收资本				
资本公积				
盈余公积	2 669 800.00		2 669 800.00	
合计				

(二)“原材料”账户明细资料如下：

甲材料 2 000 吨　　单价 81 元　　金额 162 000.00 元

乙材料 1 000 吨　　单价 101 元　　金额 101 000.00 元

(三)“库存商品”账户明细资料如下：

01#产品 500 台　　单价 334.22 元　　金额 167 110.00 元

02#产品 400 台　　单价 452.96 元　　金额 181 184.00 元

(四)四川天一有限公司 2011 年 1 月份发生下列经济业务：

(1) 3 日，从银行提取现金 20 000 元备用。(原始凭证 2－2－1)

(2) 3 日，购进成都金鑫有限公司材料验收入库，运费由成都金鑫有限公司垫付，价税款及代垫运费项银行存款支付。(原始凭证 2－2－2、2－2－3、2－2－4、2－2－5)

（3）4 日，收到成都宏远有限公司还来欠款 180 000 元、成都飞跃有限公司还来欠款 27 000 元。（原始凭证 2-2-6、2-2-7）

（4）4 日，偿还成都金鑫有限公司货款 150 000 元、成都鹏程有限公司货款 180 000 元。（原始凭证 2-2-8、2-2-9）

（5）5 日，购进成都鹏程有限公司材料 700 000 元验收入库，款未付。（原始凭证 2-2-10）

（6）5 日，支付成都鹏程有限公司购进材料的运费。（原始凭证 2-2-11、2-2-12、2-2-13）

（7）6 日，向成都宏远有限公司销售产品一批。（原始凭证 2-2-14、2-2-15）

（8）7 日，将购进的材料按实际成本转账。（见原始凭证 2-2-16、2-2-17）

（9）8 日，向成都飞跃有限公司销售产品，款未收。（原始凭证 2-2-18）

（10）8 日，生产领用材料。（原始凭证 2-2-19）

（11）9 日，偿还成都鹏程有限公司货款 819 000 元。（原始凭证 2-2-20）

（12）10 日，缴纳上月应交税金。（原始凭证 2-2-21、2-2-22、2-2-23、2-2-24）

（13）10 日，提取现金 60 000 元发放应付工资。（原始凭证 2-2-25）

（14）11 日，计算本月职工工资。（原始凭证 2-2-26）

（15）11 日，计提本月职工福利费。（原始凭证 2-2-27）

（16）11 日，从银行拨付应付工会经费 10 000 元。（原始凭证 2-2-28）

（17）12 日，现金支付厂部购买的办公用品。（原始凭证 2-2-29、2-2-30）

（18）12 日，支付电费。（原始凭证 2-2-31、2-2-32、2-2-33）

（19）13 日，王林借差旅费。（原始凭证 2-2-34、2-2-35）

（20）13 日，预付车间一季度房租，从本月起分三个月摊销。（原始凭证 2-2-36、2-2-37、2-2-38）

（21）14 日，车间购买办公用品。（原始凭证 2-2-39、2-2-40）

（22）14 日，摊销由厂部负担的财产保险费、报纸杂志费。（原始凭证 2-2-41）

（23）15 日，预提车间机器设备日常修理费。（原始凭证 2-2-42）

（24）15 日，王方报销差旅费并结清前借款。（原始凭证 2-2-43、2-2-44）

（25）17 日，计提本月固定资产折旧费。（原始凭证 2-2-45）

（26）18 日，预提短期借款利息。（原始凭证 2-2-46）

（27）19 日，银行存款支付房屋维修费。（原始凭证 2-2-47、2-2-48）

（28）20 日，付产品广告费。（原始凭证 2-2-49、2-2-50）

（29）22 日，销售产品，部分货款暂欠。（原始凭证 2-2-51、2-2-52）

（30）22 日，购汽车油料。（原始凭证 2-2-53、2-2-54）

（31）23 日，销售材料给成都发发有限公司，部分货款暂欠。（原始凭证 2-2-55、2-2-56）

（32）25 日，分配本月制造费用。（原始凭证 2－2－57）

（33）26 日，01#与 02#产品完工入库。（原始凭证 2－2－58、2－2－59）

（34）31 日，按 7% 计提应交城市维护建设税。（原始凭证 2－2－60）

（35）31 日，按 3% 计提应交教育费附加。（原始凭证 2－2－61）

（36）31 日，结转本月销售产品成本。（原始凭证 2－2－62）

（37）31 日，批准处理上月风灾造成的材料损失。（原始凭证 2－2－63）

（38）31 日，将本月损益账户余额结转本年利润账户。（原始凭证 2－2－64）

（39）31 日，按利润总额的 25% 计提应交所得税。（原始凭证 2－2－65）

（40）31 日，按净利润的 10% 计提一般盈余公积、40% 计提应分配给投资者的利润。（原始凭证 2－2－66）

原始凭证 2-2-1

中国工商银行现金支票存根
支票号码　川工 48769
科　　目 ______
对方科目 ______
签发日期 2011 年 1 月 3 日
收款人：四川天一有限公司
金额：20 000.00
用途：备用
备注：
单位主管　　会 计
复　　核　　记 账

原始凭证 2-2-2

四　川　省　增　值　税　专　用　发　票

2011 年 1 月 3 日　　　　川增 NO. 9608

购货单位	名称	四川天一有限公司		纳税人登记号	89—356	
	地址名称			开户行及账号	工商银行成都金牛支行 89—356	
货物或应税劳务名称	计量单位	数量	单价	价款金额	税率%	税款金额
甲材料	千克	5 000	80.00	400 000.00	17	68 000.00
合　计		5 000		400 000.00		68 000.00
价税合计（大写）	肆拾陆万捌仟元整　　合计：¥468 000.00					
销货单位	名称	成都金鑫有限公司		纳税人登记号	88—796	
	地址电话			开户行及账号	建设银行成都金牛支行 89—356	
备注						

收款人：徐平　　　　开票单位：成都金鑫有限公司

原始凭证 2－2－3

公路运输收据

2011 年 1 月 3 日

托运单位	四川天一有限公司		起站	成都市	讫站	成都市
货物名称	件数	计费量	吨公里	计费单价	车号	
乙材料	500	1 000	1 000	5.00		
金额（大写）伍仟元整 ¥5 000.00					备注	

运输单位：成都丹成物流有限公司　　会计：周三　　开票：罗立

原始凭证 2－2－4

四川天一有限公司收料单

发货单位：成都金鑫有限公司　　2011 年 1 月 3 日

材料编号	材料名称	规格	计量单位	数量		实际价格				备注
				应收	实收	单价	发票金额	运杂费用	合计	
01	甲材料		千克	5 000	5 000	80.00	400 000.00	5 000.00	405 000.00	

质量检验记录	制造日期	合格证号	技术条件	质量状况	检查结论
	年 月			优	同意入库

采购人：　　检验员：　　记账员：　　保管员：王平

原始凭证 2－2－5

中国工商银行转账支票存根

支票号码 川工 68976

科　目 ____________

对方科目 ____________

签发日期 2011 年 1 月 3 日

收款人：成都金鑫有限公司
金额：473 000.00
用途：购材料
备注：

单位主管　　会 计

复　核　　记 账

原始凭证 2－2－6

中国工商银行进账单（收账通知）

2011 年 1 月 4 日　　　　第 9 号

收款人	全　　称	四川天一有限公司	付款人	全　　称	成都宏远有限公司
	账　　号	89—356		账　　号	78—439
	开户银行	工商银行成都金牛支行		开户银行	农业银行成都金牛支行

人民币（大写）壹拾捌万元整	千	百	十	万	千	百	十	元	角	分
			1	8	0	0	0	0	0	0

票据种类	转账支票	收款人开户行盖章
票据张数	1	
单位主管　会计　复核　记账		

此联是收款人开户银行交收款人的收账通知

原始凭证 2－2－7

中国工商银行进账单（收账通知）

2011 年 1 月 4 日　　　　第 10 号

收款人	全　　称	四川天一有限公司	付款人	全　　称	成都飞跃有限公司
	账　　号	89—356		账　　号	68—876
	开户银行	工商银行成都金牛支行		开户银行	中国银行成都金牛支行

人民币（大写）贰拾柒万元整	千	百	十	万	千	百	十	元	角	分
			2	7	0	0	0	0	0	0

票据种类	转账支票	收款人开户行盖章
票据张数	1	
单位主管　会计　复核　记账		

此联是收款人开户银行交收款人的收账通知

原始凭证 2－2－8

中国工商银行转账支票存根

支票号码　川工 68977

科　　目 ____________

对方科目 ____________

签发日期 2011 年 1 月 4 日

收款人：成都金鑫有限公司
金额：150 000.00
用途：归还借款
备注：

单位主管　　会 计

复　　核　　记 账

原始凭证 2-2-9

中国工商银行转账支票存根

支票号码 川工 68978

科　　目 ______________

对方科目 ______________

签发日期 2011 年 1 月 4 日

收款人：成都鹏程有限公司
金额：180 000.00
用途：归还借款
备注：

单位主管　　　会 计

复　　核　　　记 账

原始凭证 2-2-10

四 川 省 增 值 税 专 用 发 票

2011 年 1 月 5 日　　　　川增 NO. 6823

购货单位	名称	四川天一有限公司		纳税人登记号	89—356	
	地址名称			开户行及账号	工商银行成都金牛支行 89—356	
货物或应税劳务名称	计量单位	数量	单价	价款金额	税率%	税款金额
乙材料	千克	5 000	100.00	500 000.00	17	85 000.00
丙材料	千克	2 000	100.00	200 000.00	17	34 000.00
合　计		57 000		700 000.00		119 000.00
价税合计（大写）	捌拾壹万玖仟元整　　合计：¥819 000.00					
销货单位	名称	成都鹏程有限公司		纳税人登记号	97—357	
	地址电话			开户行及账号	交通银行成都金牛支行 87—428	
备注						

收款人：徐平　　　　开票单位：成都金鑫有限公司

原始凭证 2－2－11

中国工商银行转账支票存根

支票号码　川工 68979

科　　目 ______________

对方科目 ______________

签发日期 2011 年 1 月 5 日

收款人：成都丹成物流有限公司
金额：7 000.00
用途：材料运费
备注：

单位主管　　　会 计

复　　核　　　记 账

原始凭证 2－2－12

公路运输收据

2011 年 1 月 5 日

托运单位	四川天一有限公司		起站	成都市	讫站	成都市
货物名称	件数	计费量	吨公里	计费单价	车号	
乙材料	500	1 000	1 000	5.00		
丙材料	200	200	200	5.00		
金额（大写）柒仟元整　　¥7 000.00					备注	

运输单位：成都丹成物流公司　　　　会计：周三　　　　开票：罗立

原始凭证 2－2－13

运费分配表

2011 年 1 月 5 日

材料名称	分配标准（吨）	分配率	金额
乙材料	5 000	1 元/吨	5 000.00
丙材料	2 000	1 元/吨	2 000.00
合计			

原始凭证 2－2－14

四 川 省 增 值 税 专 用 发 票

2011 年 1 月 6 日　　川增 NO. 88689

<table>
<tr><td rowspan="2">购货单位</td><td>名称</td><td colspan="2">成都宏远有限公司</td><td colspan="2">纳税人登记号</td><td colspan="2">36—879</td></tr>
<tr><td>地址名称</td><td colspan="2"></td><td colspan="2">开户行及账号</td><td colspan="2">农业银行成都金牛支行 78—439</td></tr>
<tr><td colspan="2">货物或应税劳务名称</td><td>计量单位</td><td>数量</td><td>单价</td><td>价款金额</td><td>税率%</td><td>税款金额</td></tr>
<tr><td colspan="2">01#产品</td><td>件</td><td>800</td><td>500.00</td><td>400 000.00</td><td>17</td><td>68 000.00</td></tr>
<tr><td colspan="2">02#产品</td><td>件</td><td>500</td><td>600.00</td><td>300 000.00</td><td>17</td><td>51 000.00</td></tr>
<tr><td colspan="2"></td><td></td><td></td><td></td><td></td><td></td><td></td></tr>
<tr><td colspan="2">合　计</td><td></td><td>1 300</td><td></td><td>700 000.00</td><td></td><td>119 000.00</td></tr>
<tr><td colspan="2">价税合计（大写）</td><td colspan="6">捌拾壹万玖仟元整　　合计：819 000.00</td></tr>
<tr><td rowspan="2">销货单位</td><td>名称</td><td colspan="2">四川天一有限公司</td><td colspan="2">纳税人登记号</td><td colspan="2">89—356</td></tr>
<tr><td>地址名称</td><td colspan="2"></td><td colspan="2">开户行及账号</td><td colspan="2">工商银行成都金牛支行 89—356</td></tr>
<tr><td>备注</td><td colspan="7"></td></tr>
</table>

收款人：李浪　　　　开票单位：四川天一有限公司

原始凭证 2－2－15

中国工商银行进账单（收账通知）

2011 年 1 月 6 日　　第 12 号

<table>
<tr><td rowspan="3">收款人</td><td>全　称</td><td colspan="2">四川天一有限公司</td><td rowspan="3">付款人</td><td>全　称</td><td colspan="10">成都宏远有限公司</td></tr>
<tr><td>账　号</td><td colspan="2">89—356</td><td>账　号</td><td colspan="10">78—439</td></tr>
<tr><td>开户银行</td><td colspan="2">工商银行成都金牛支行</td><td>开户银行</td><td colspan="10">农业银行成都金牛支行</td></tr>
<tr><td colspan="5" rowspan="2">人民币（大写）捌拾壹万玖仟元整</td><td>千</td><td>百</td><td>十</td><td>万</td><td>千</td><td>百</td><td>十</td><td>元</td><td>角</td><td>分</td></tr>
<tr><td></td><td></td><td>8</td><td>1</td><td>9</td><td>0</td><td>0</td><td>0</td><td>0</td><td>0</td></tr>
<tr><td colspan="2">票据种类</td><td colspan="3">转账支票</td><td colspan="10" rowspan="3">收款人开户行盖章</td></tr>
<tr><td colspan="2">票据张数</td><td colspan="3">1</td></tr>
<tr><td colspan="5">单位主管　会计　复核　记账</td></tr>
</table>

此联是收款人开户银行交收款人的收账通知

原始凭证 2－2－16

四川天一有限公司物资采购成本计算表

编制单位：四川天一有限公司　　　　2011 年 1 月 7 日　　　　单位：元

成本项目	乙材料（5 000 千克）		丙材料（2 000 千克）	
	总成本	单位成本	总成本	单位成本
1. 买价	500 000.00		200 000.00	
2. 采购费用	5 000.00		2 000.00	
采购成本	505 000.00	101.00	202 000.00	101.00

原始凭证 2－2－17

四川天一有限公司收料单

发货单位：成都鹏程有限公司　　　　2011 年 1 月 5 日

材料编号	材料名称	规格	计量单位	数量		实际价格				备注
				应收	实收	单价	发票金额	运杂费用	合计	
01	乙材料		千克	5 000	5 000	100.00	500 000.00	5 000.00	505 000.00	
	丙材料		千克	2 000	1 000	100.00	200 000.00	2 000.00	202 000.00	

质量检验记录	制造日期	合格证号	技术条件	质量状况	检查结论
	年　月			优	同意入库

采购人：　　　　检验员：　　　　记账员：　　　　保管员：王平

原始凭证 2－2－18

四　川　省　增　值　税　专　用　发　票

2011 年 1 月 8 日　　　　川增 NO. 8890

购货单位	名称	成都飞跃有限公司	纳税人登记号	36—879
	地址名称		开户行及账号	中国银行成都金牛支行

货物或应税劳务名称	计量单位	数量	单价	价款金额	税率%	税款金额
01#产品	件	600	500.00	300 000.00	17	51 000.00
02#产品	件	500	600.00	300 000.00	17	51 000.00
合　计		1 100		600 000.00		102 000.00
价税合计（大写）	柒拾万零贰仟元整　　合计：¥702 000.00					

销货单位	名称	四川天一有限公司	纳税人登记号	89—356
	地址名称		开户行及账号	工商银行成都金牛支行 89—356
备注				

收款人：李浪　　　　开票单位：四川天一有限公司

原始凭证 2－2－19

四川天一有限公司发出材料汇总表

2011 年 1 月 8 日　　　　单位：元

领料部门及用途	甲材料			乙材料			丙材料			原材料合计
	数量	单价	金额	数量	单价	金额	数量	单价	金额	
基本生产										
01#产品	2 500	81.00	202 500.00	1 200	101.00	121 200.00				323 700.00
02#产品	1 500	81.00	121 500.00	600	101.00	60 600.00				182 100.00
一般耗用							120	101.00	12 120.00	12 120.00
管理部门										
销售部门										
合计	4 000		324 000.00	1 800		181 800.00	120		12 120.00	517 920.00

发料人：钟飞　　　　收料人：郑非　　　　保管员：王平

原始凭证 2－2－20

中国工商银行转账支票存根

支票号码　川工 68980

科　　目 ____________

对方科目 ____________

签发日期 2011 年 1 月 9 日

收款人：成都鹏程有限公司
金额：819 000.00
用途：购材料款
备注：

单位主管　　　会 计

复　　核　　　记 账

原始凭证 2－2－21

中华人民共和国税收缴款书

隶属关系：高级

经济类型：国有

收入机关：税务局　　　　　　　　　　　　　　填发日期：2011 年 1 月 10 日

<table>
<tr><td rowspan="3">预算科目</td><td>款</td><td colspan="2">增值税</td><td rowspan="4">缴款单位</td><td>代码</td><td>103564328</td></tr>
<tr><td>项</td><td colspan="2">一般增值税</td><td>全称</td><td>四川天一有限公司</td></tr>
<tr><td>级次</td><td>中央 75%</td><td>市级 25%</td><td>开户银行</td><td>工商银行成都金牛支行</td></tr>
<tr><td colspan="2">收款国库</td><td>总金库</td><td>市金库</td><td>账号</td><td>78—439</td></tr>
<tr><td colspan="4">税款所属时间 2010 年 12 月 31 日</td><td colspan="3">税款限缴日期 2011 年 1 月 15 日</td></tr>
</table>

<table>
<tr><td rowspan="2">品目名称</td><td rowspan="2">课税数量</td><td rowspan="2">计税金额或销售收入</td><td rowspan="2">应缴税额</td><td rowspan="2">已缴或扣除额</td><td colspan="10">金　　额</td></tr>
<tr><td>千</td><td>百</td><td>十</td><td>万</td><td>千</td><td>百</td><td>十</td><td>元</td><td>角</td><td>分</td></tr>
<tr><td>增值税</td><td></td><td></td><td></td><td></td><td></td><td></td><td></td><td>8</td><td>8</td><td>0</td><td>0</td><td>0</td><td>0</td><td>0</td></tr>
<tr><td></td><td></td><td></td><td></td><td></td><td></td><td></td><td></td><td></td><td></td><td></td><td></td><td></td><td></td><td></td></tr>
<tr><td colspan="5">金额合计（大写）捌万捌仟元整</td><td></td><td></td><td></td><td></td><td></td><td></td><td></td><td></td><td></td><td></td></tr>
</table>

<table>
<tr><td>缴款单位（人）（盖章）经办人（章）</td><td>税务机关（盖章）分局 填票人（单）</td><td>上列款项已收妥并划转收款单位账户 国库（银行）盖章 年　月　日</td><td>备注</td><td></td></tr>
</table>

逾期不缴按税法规定加收滞纳金

原始凭证 2－2－22

中华人民共和国税收缴款书

隶属关系：高级

经济类型：国有

收入机关：税务局　　　　　　　　　　　　　　填发日期：2011 年 1 月 10 日

<table>
<tr><td rowspan="3">预算科目</td><td>款</td><td colspan="2">所得税</td><td rowspan="4">缴款单位</td><td>代码</td><td>103564328</td></tr>
<tr><td>项</td><td colspan="2"></td><td>全称</td><td>四川天一有限公司</td></tr>
<tr><td>级次</td><td>中央 60%</td><td>市级 40%</td><td>开户银行</td><td>工商银行成都金牛支行</td></tr>
<tr><td colspan="2">收款国库</td><td>总金库</td><td>市金库</td><td>账号</td><td>78—439</td></tr>
<tr><td colspan="4">税款所属时间 2010 年 12 月 31 日</td><td colspan="3">税款限缴日期 2011 年 1 月 15 日</td></tr>
</table>

<table>
<tr><td rowspan="2">品目名称</td><td rowspan="2">课税数量</td><td rowspan="2">计税金额或销售收入</td><td rowspan="2">应缴税额</td><td rowspan="2">已缴或扣除额</td><td colspan="10">金　　额</td></tr>
<tr><td>千</td><td>百</td><td>十</td><td>万</td><td>千</td><td>百</td><td>十</td><td>元</td><td>角</td><td>分</td></tr>
<tr><td>所得税</td><td></td><td></td><td></td><td></td><td></td><td></td><td>1</td><td>8</td><td>1</td><td>0</td><td>0</td><td>0</td><td>0</td><td>0</td></tr>
<tr><td></td><td></td><td></td><td></td><td></td><td></td><td></td><td></td><td></td><td></td><td></td><td></td><td></td><td></td><td></td></tr>
<tr><td colspan="5">金额合计（大写）壹拾捌万壹仟元整</td><td></td><td></td><td></td><td></td><td></td><td></td><td></td><td></td><td></td><td></td></tr>
</table>

<table>
<tr><td>缴款单位（人）（盖章）经办人（章）</td><td>税务机关（盖章）分局 填票人（单）</td><td>上列款项已收妥并划转收款单位账户 国库（银行）盖章 年　月　日</td><td>备注</td><td></td></tr>
</table>

逾期不缴按税法规定加收滞纳金

原始凭证 2－2－23

中华人民共和国税收缴款书

隶属关系：高级

经济类型：国有

收入机关：税务局　　　　填发日期：2011 年 1 月 10 日

预算科目	款	城市维护建设税		缴款单位	代码	103564328
	项				全称	四川天一有限公司
	级次	中央 0%	市级 100%		开户银行	工商银行成都金牛支行
收款国库		总金库	市金库		账号	78—439
税款所属时间 2010 年 12 月 31 日				税款限缴日期 2011 年 1 月 15 日		

品目名称	课税数量	计税金额或销售收入	应缴税额	已缴或扣除额	千	百	十	万	千	百	十	元	角	分
城建税									6	1	6	0	0	0
金额合计（大写）陆仟壹佰陆拾元整														

缴款单位（人）（盖章）经办人（章）	税务机关（盖章）分局 填票人（单）	上列款项已收妥并划转收款单位账户 国库（银行）盖章 年 月 日	备注	

逾期不缴按税法规定加收滞纳金

原始凭证 2－2－24

中华人民共和国税收缴款书

隶属关系：高级

经济类型：国有

收入机关：税务局　　　　填发日期：2011 年 1 月 10 日

预算科目	款	教育费附加		缴款单位	代码	103564328
	项				全称	四川天一有限公司
	级次	中央 0%	市级 100%		开户银行	工商银行成都金牛支行
收款国库		总金库	市金库		账号	78—439
税款所属时间 2010 年 12 月 31 日				税款限缴日期 2011 年 1 月 15 日		

品目名称	课税数量	计税金额或销售收入	应缴税额	已缴或扣除额	千	百	十	万	千	百	十	元	角	分
教育费附加									2	6	4	0	0	0
金额合计（大写）贰仟陆佰肆拾元整														

缴款单位（人）（盖章）经办人（章）	税务机关（盖章）分局 填票人（单）	上列款项已收妥并划转收款单位账户 国库（银行）盖章 年 月 日	备注	

逾期不缴按税法规定加收滞纳金

原始凭证 2－2－25

中国工商银行现金支票存根

支票号码　川工 48769

科　　目 ____________

对方科目 ____________

签发日期 2011 年 1 月 10 日

收款人：四川天一有限公司
金额：60 000.00
用途：工资
备注：

单位主管　　　会 计

复　　核　　　记 账

原始凭证 2－2－26

四川天一有限公司工资分配表

2011 年 1 月 11 日

项　　目	工资总额				备注
	基本工资	津贴补贴	奖金	合计	
01#产品工人工资				30 000.00	
02#产品工人工资				20 000.00	
车间管理人员				8 000.00	
行政管理人员				12 000.00	
合计				70 000.00	

原始凭证 2－2－27

四川天一有限公司职工福利费计提表

2010 年 9 月 30 日

项目	工资总额	计提比例	计提金额	备注
01#产品工人工资	30 000.00	14%	4 200.00	
02#产品工人工资	20 000.00	14%	2 800.00	
车间管理人员	8 000.00	14%	1 120.00	
行政管理人员	12 000.00	14%	1 680.00	
合计	70 000.00		9 800.00	

原始凭证 2－2－28

中国工商银行转账支票存根

支票号码 川工 68981

科　　目 ______________

对方科目 ______________

签发日期 2011 年 1 月 11 日

收款人：四川天一有限公司工会
金额：10 000.00
用途：工会经费
备注：

单位主管　　　会 计

复　　核　　　记 账

原始凭证 2－2－29

中国工商银行现金支票存根

支票号码 川工 48770

科　　目 ______________

对方科目 ______________

签发日期 2011 年 1 月 12 日

收款人：成都九九办公用品商场
金额：5 500.00
用途：办公用品
备注：

单位主管　　　会 计

复　　核　　　记 账

原始凭证 2－2－30

成都市工商企业统一发票

客户：四川天一有限公司　　2011 年 1 月 12 日　　NO. 5797

项　目	单位	数量	单价	金额								备注
				十	万	千	百	十	元	角	分	
复印纸	盒	50	80.00			4	0	0	0	0	0	
墨粉	盒	10	150.00			1	5	0	0	0	0	
合计（大写）	伍仟伍佰元整				¥	5	5	0	0	0	0	

收款单位：成都九九办公用品商场　　开票人：陈程　　收款人：苏三

原始凭证 2－2－31

成都市供电公司电费收据

2011 年 1 月 12 日

用户名称	四川天一有限公司	开户银行	工商银行成都金牛支行	账号	89—356
收费时间	2010 年 12 月 12 日至 2011 年 1 月 11 日					
电费项目	动力电（度）	40 000	计费单价	1.00	计费金额	40 000.00
	照明电（度）	8 000	计费单价	0.50	计费金额	4 000.00
合计	肆万肆仟元整					44 000.00

主管： 抄表：吴卫 制单：赵松 开票单位：成都市供电公司

原始凭证 2－2－32

中国工商银行托收承付结算凭证（支款通知）

委托日期： 2011 年 1 月 12 日 第 19 号

收款人	全称	成都市供电公司	付款人	全称	四川天一有限公司
	账号	49—428		账号	89—356
	开户银行	建设银行成都市支行		开户银行	工商银行成都金牛支行

人民币（大写）	千	百	十	万	千	百	十	元	角	分
肆万肆仟元整				4	4	0	0	0	0	0

附件：发票	商品发运情况	合同号码
票据 1 张	托运	0315

单位主管 会计 复核 记账	收款人开户行盖章	建设银行成都金牛支行业务专用章

原始凭证 2－2－33

四川天一有限公司外购动力分配表

2011 年 1 月 12 日

项 目	用电量（度）	计费单价	金额	备注
生产用电	40 000	1.00	40 000.00	
照明用电	8 000	0.50	4 000.00	

制表：赵成

原始凭证 2 - 2 - 34

中国工商银行现金支票存根
支票号码　川工 48771
科　　目 ________
对方科目 ________
签发日期 2011 年 1 月 13 日
收款人：王林
金额：1 500.00
用途：差旅费
备注：
单位主管　　会 计
复　　核　　记 账

原始凭证 2 - 2 - 35

四川天一有限公司借支单

2011 年 1 月 13 日

姓名	王林	部门	销售部	职务	业务经理
借款原因	参加展销				
借支金额	壹仟伍佰元整				
备注					

借款人签名：王林

原始凭证 2 - 2 - 36

中国工商银行转账支票存根
支票号码　川工 68981
科　　目 ________
对方科目 ________
签发日期 2011 年 1 月 13 日
收款人：郑功
金额：6 000.00
用途：房租
备注：
单位主管　　会 计
复　　核　　记 账

原始凭证 2－2－37

收　款　收　据

2011 年 1 月 13 日　　　　编号：004987

交款单位（或个人）：四川天一有限公司			
摘要：2011 年 1－3 月车间房租			
人民币（大写）：陆仟元整　　¥6 000.00			
收款单位（盖章）		备注	

收款单位：成都发展研究所　　　　收款人：李由

原始凭证 2－2－38

四川天一有限公司待摊费用分配表

2011 年 1 月 13 日

应借科目	分摊项目			合计
	房租费用	财产保险费		
制造费用	2 000.00			
合计	2 000.00			2 000.00

制表：赵成

原始凭证 2－2－39

中国工商银行现金支票存根

支票号码　川工 48772

科　　目 ____________

对方科目 ____________

签发日期 2011 年 1 月 14 日

收款人：成都九九办公用品商场
金额：1 800.00
用途：购车间办公用品
备注：

单位主管　　会 计

复　　核　　记 账

原始凭证 2－2－40

成都市工商企业统一发票

客户：四川天一有限公司　　2011 年 1 月 14 日　　NO. 3985

项　目	单位	数量	单价	金　额								备注
				十	万	千	百	十	元	角	分	
复印纸	盒	20	60.00			1	2	0 0	0	0	0	
墨粉	盒	4	150.00				6	0	0	0	0	
合计（大写）	壹仟捌佰元整				¥	1	8	0	0	0	0	

收款单位：成都九九办公用品商场　　开票人：陈程　　收款人：苏三

原始凭证 2－2－41

四川天一有限公司待摊费用分配表

2010 年 1 月 14 日

应借科目	分摊项目			合计
	房租费用	财产保险费	报纸杂志费	
管理费用		2 000.00	2 000.00	4 000.00
合　计		2 000.00	2 000.00	4 000.00

制表：赵成

原始凭证 2－2－42

四川天一有限公司预提费用分配表

2011 年 1 月 15 日

应借科目	预提费用项目			合计
	大修理费	借款利息		
财务费用				
管理费用	1 500.00			1 500.00
合　计	1 500.00			1 500.00

原始凭证 2-2-43

四川天一有限公司差旅费报销单

部门：销售部　　　　填报日期：2011 年 1 月 15 日

姓名	王方		出差事由			销售产品		出差日期		2011 年 1 月 5 日至 1 月 13 日			
起讫时间及地点						车船费		出差补贴			住宿费	其他	
月	日	出发	月	日	到达	类别	金额	天数	标准	金额	金额	摘要	金额
1	5	成都	1	5	武汉	火车	200.00	9	50.00	450.00	800	车票	165.00
1	13	武汉	1	13	成都	火车	200.00						
总计金额：壹仟捌佰壹拾伍元整								预支 2 000.00　核销 1 815.00　退 185.00					

主管：　　　　审核：　　　　填报人：王方

原始凭证 2-2-44

四川天一有限公司收款收据

2011 年 1 月 15 日　　　　编号：002458

交款单位（或个人）：王方			
摘要：退回结余差旅费			
人民币（大写）：壹佰捌拾伍元整　　¥185.00			
收款单位（盖章）		备注	

收款：李涛

原始凭证 2-2-45

四川天一有限公司固定资产折旧计算提取表

2011 年 1 月 17 日

应借科目	固定资产类别	固定资产月初原值	月折旧率	月折旧额
制造费用	生产线设备	800 000.00	1%	8 000.00
管理费用	车辆等	800 000.00	0.5%	4 000.00
合　计		1 600 000.00		12 000.00

原始凭证 2-2-46

四川天一有限公司应付利息分配表

2011 年 1 月 15 日

应借科目	预提费用项目			合计
	大修理费	借款利息		
财务费用		15 000.00		15 000.00
制造费用				
合　计		15 000.00		15 000.00

原始凭证 2-2-47

中国工商银行转账支票存根

支票号码　川工 68982

科　　目 ______________

对方科目 ______________

签发日期 2011 年 1 月 19 日

收款人：成都维成修理部
金额：16 000.00
用途：维修费
备注：

单位主管　　　会 计

复　　核　　　记 账

原始凭证 2-2-48

成 都 市 服 务 业 发 票

客户：四川天一有限公司　　　　2011 年 1 月 19 日　　　　NO. 4798

项　目	单位	数量	单价	金额								备注
				十	万	千	百	十	元	角	分	
房屋维修					1	6	0	0	0	0	0	
合计（大写）	壹万陆仟元整											

收款单位：成都维成修理部　　　　开票人：陈程　　　　收款人：苏三

原始凭证 2-2-49

成都市广告统一发票

客户：四川天一有限公司　　2011年1月20日　　地税A字478号

项目	单位	数量	单价	金额								备注
				十	万	千	百	十	元	角	分	
广告	次	10	10 280.00	1	0	2	8	0	0	0	0	
合计（大写）	壹拾万贰仟捌佰元整			1	0	2	8	0	0	0	0	

收款单位：成都商报　　开票人：朱明　　收款人：蔡忠

原始凭证 2-2-50

中国工商银行转账支票存根

支票号码　川工 68983

科　　目 ____________

对方科目 ____________

签发日期 2011年1月20日

收款人：成都商报
金额：102 800.00
用途：广告费
备注：

单位主管　　会计

复　　核　　记账

原始凭证 2-2-51

四川省增值税专用发票

2011年1月22日　　川增 NO.8897

购货单位	名称	成都飞跃有限公司		纳税人登记号	36—879	
	地址名称			开户行及账号	中国银行成都金牛支行	
货物或应税劳务名称	计量单位	数量	单价	价款金额	税率(%)	税款金额
01#产品	件	600	500.00	300 000.00	17	51 000.00
02#产品	件	500	600.00	300 000.00	17	51 000.00
合计		1 100		600 000.00		102 000.00
价税合计（大写）	柒拾万零贰仟元整　　合计：¥702 000.00					
销货单位	名称	四川天一有限公司		纳税人登记号	89—356	
	地址名称			开户行及账号	工商银行成都金牛支行 89—356	
备注						

收款人：李浪　　开票单位：四川天一有限公司

原始凭证 2－2－52

中国工商银行进账单（收账通知）

2011 年 1 月 22 日　　　　第 12 号

<table>
<tr><td rowspan="3">收款人</td><td>全　称</td><td>四川天一有限公司</td><td rowspan="3">付款人</td><td colspan="3">全　称</td><td colspan="7">成都宏远有限公司</td></tr>
<tr><td>账　号</td><td>89—356</td><td colspan="3">账　号</td><td colspan="7">78—439</td></tr>
<tr><td>开户银行</td><td>工商银行成都金牛支行</td><td colspan="3">开户银行</td><td colspan="7">农业银行成都金牛支行</td></tr>
<tr><td colspan="4" rowspan="2">人民币（大写）伍拾壹万玖仟元整</td><td>千</td><td>百</td><td>十</td><td>万</td><td>千</td><td>百</td><td>十</td><td>元</td><td>角</td><td>分</td></tr>
<tr><td></td><td></td><td>5</td><td>1</td><td>9</td><td>0</td><td>0</td><td>0</td><td>0</td><td>0</td></tr>
<tr><td colspan="2">票据种类</td><td colspan="2">转账支票</td><td colspan="10" rowspan="3">收款人开户行盖章</td></tr>
<tr><td colspan="2">票据张数</td><td colspan="2">1</td></tr>
<tr><td colspan="4">单位主管　会计　复核　记账</td></tr>
</table>

此联是收款人开户银行交收款人的收账通知

原始凭证 2－2－53

成都市石油公司发票联

客户：四川天一有限公司　　2011 年 1 月 22 日　　NO. 00445

<table>
<tr><td rowspan="2">项　目</td><td rowspan="2">单位</td><td rowspan="2">数量</td><td rowspan="2">单价</td><td colspan="8">金　额</td><td rowspan="2">备注</td></tr>
<tr><td>十</td><td>万</td><td>千</td><td>百</td><td>十</td><td>元</td><td>角</td><td>分</td></tr>
<tr><td>汽油</td><td>公升</td><td>53 000</td><td>7.00</td><td></td><td>3</td><td>7</td><td>1</td><td>0</td><td>0</td><td>0</td><td>0</td><td></td></tr>
<tr><td></td><td></td><td></td><td></td><td></td><td></td><td></td><td></td><td></td><td></td><td></td><td></td><td></td></tr>
<tr><td>合计（大写）</td><td colspan="3">叁万柒仟壹佰元</td><td>¥</td><td>3</td><td>7</td><td>1</td><td>0</td><td>0</td><td>0</td><td>0</td><td></td></tr>
</table>

收款单位：成都天回油站　　　　收款人：张强

原始凭证 2－2－54

中国工商银行转账支票存根

支票号码　川工 68984

科　　目 ____________

对方科目 ____________

签发日期 2011 年 1 月 22 日

收款人：成都天回油站
金额：37 100.00
用途：汽油费
备注：

单位主管　　会计

复　　核　　记账

原始凭证 2－2－55

中国工商银行进账单（收账通知）

2011 年 1 月 23 日　　　　第 19 号

<table>
<tr><td rowspan="3">收款人</td><td>全　称</td><td>四川天一有限公司</td><td rowspan="3">付款人</td><td>全　称</td><td colspan="10">成都发发有限公司</td></tr>
<tr><td>账　号</td><td>89—356</td><td>账　号</td><td colspan="10">48—245</td></tr>
<tr><td>开户银行</td><td>工商银行成都金牛支行</td><td>开户银行</td><td colspan="10">农业银行成都青羊支行</td></tr>
<tr><td colspan="5" rowspan="2">人民币（大写）伍万元整</td><td>千</td><td>百</td><td>十</td><td>万</td><td>千</td><td>百</td><td>十</td><td>元</td><td>角</td><td>分</td></tr>
<tr><td></td><td></td><td>5</td><td>0</td><td>0</td><td>0</td><td>0</td><td>0</td><td>0</td><td>0</td></tr>
<tr><td colspan="2">票据种类</td><td colspan="3">转账支票</td><td colspan="10" rowspan="3">收款人开户行盖章</td></tr>
<tr><td colspan="2">票据张数</td><td colspan="3">1</td></tr>
<tr><td colspan="5">单位主管　会计　复核　记账</td></tr>
</table>

此联是收款人开户银行交收款人的收账通知

原始凭证 2－2－56

四 川 省 增 值 税 专 用 发 票

2011 年 1 月 23 日　　　　川增 NO. 8889

<table>
<tr><td rowspan="2">购货单位</td><td>名称</td><td colspan="3">成都发发有限公司</td><td>纳税人登记号</td><td colspan="2">4972</td></tr>
<tr><td>地址名称</td><td colspan="3"></td><td>开户行及账号</td><td colspan="2">农业银行成都青羊支行 48—245</td></tr>
<tr><td colspan="2">货物或应税劳务名称</td><td>计量单位</td><td>数量</td><td>单价</td><td>价款金额</td><td>税率%</td><td>税款金额</td></tr>
<tr><td colspan="2">甲材料</td><td>千克</td><td>500</td><td>100. 00</td><td>50 000. 00</td><td>17</td><td>8 500. 00</td></tr>
<tr><td colspan="2">乙材料</td><td>千克</td><td>500</td><td>120. 00</td><td>60 000. 00</td><td>17</td><td>10 200. 00</td></tr>
<tr><td colspan="2"></td><td></td><td></td><td></td><td></td><td></td><td></td></tr>
<tr><td colspan="2">合　计</td><td></td><td>1 000</td><td></td><td>110 000. 00</td><td></td><td>18 700. 00</td></tr>
<tr><td colspan="2">价税合计（大写）</td><td colspan="6">壹拾贰万捌仟柒佰元整　　　合计：¥128 700. 00</td></tr>
<tr><td rowspan="2">销货单位</td><td>名称</td><td colspan="3">四川天一有限公司</td><td>纳税人登记号</td><td colspan="2">89—356</td></tr>
<tr><td>地址名称</td><td colspan="3"></td><td>开户行及账号</td><td colspan="2">工商银行成都金牛支行 89—356</td></tr>
<tr><td>备注</td><td colspan="7"></td></tr>
</table>

收款人：李浪　　　　开票单位：四川天一有限公司

原始凭证 2－2－57（先计算填列有关内容，再进行账务处理）

四川天一有限公司制造费用分配表

2011 年 1 月 31 日

产 品	分配标准（工时）	分配率	分配金额	备　注
01#产品	2 000			
02#产品	1 000			
合　计	3 000			

原始凭证 2－2－58（先计算填列有关内容，再进行账务处理）

四川天一有限公司产品生产成本计算单

2011 年 1 月 31 日

成本项目	01 #产品（1 200 件）		02#产品（500 件）	
	总成本	单位成本	总成本	单位成本
生产成本				
制造费用				
合　计				

原始凭证 2－2－59

四川天一有限公司产成品入库单（财会记账联）

2011 年 1 月 31 日

品名	规格	计量单位	入库数量	单位成本	总成本								
					百	十	万	千	百	十	元	角	分
01#产品		件	1 200										
02#产品		件	1 500										
合　计													

负责人：　　　　记账：　　　　验收：王平　　　　经办人

原始凭证 2－2－60（先计算填列有关内容，再进行账务处理）

四川天一有限公司城市维护建设税计提表

2011 年 1 月 31 日

税种	计税金额	税率	应纳税额	备 注
城市维护建设税		7%		
合计				

原始凭证 2－2－61（先计算填列有关内容，再进行账务处理）

四川天一有限公司教育费附加计提表

2011 年 1 月 31 日

税种	计税金额	税率	应纳税额	备 注
教育费附加		3%		
合计				

原始凭证 2－2－62（先计算填列有关内容，再进行账务处理）

四川天一有限公司产品销售成本计算表

2011 年 1 月 31 日

产 品	销售数量（件）		金额	备 注
01#产品				
02#产品				
合 计				

原始凭证 2－2－63

四川天一有限公司存货盘点盈亏报告单

2011 年 1 月 31 日

存货名称	数量		单价	盘亏		盘盈		盘亏盘盈原因
	账存	实存		数量	金额	数量	金额	
甲材料				1 000	81 000.00			管理不善
乙材料				800	80 800.00			
合计				1 800	161 800.00			
审批意见：原盘亏的甲乙材料列入营业外支出								

会计： 负责人：刘新 经手人：王平

原始凭证2－2－64（先计算填列有关内容，再进行账务处理）

四川天一有限公司各损益类账户余额表

2011年1月31日　　　　单位：元

收入账户	余额	费用成本账户	余额
主营业务收入		主营业务成本	
其他业务收入		销售费用	
营业外收入		业务税金及附加	
投资收益		其他业务成本	
		管理费用	
		财务费用	
		营业外支出	
合　计		合　计	

原始凭证2－2－65（先计算填列有关内容，再进行账务处理）

四川天一有限公司所得税费用计算表

2010年1月31日　　　　单位：元

项目	利润总额	税率	应交税额
所得税费用		25%	

原始凭证2－2－66（先计算填列有关内容，再进行账务处理）

四川天一有限公司利润分配表

2010年1月31日　　　　单位：元

项目	净利润	比例	金额
盈余公积		10%	
应付利润		50%	

四、实训材料

通用记账凭证两本，科目汇总表四份，总账、现金日记账、银行存款日记账、明细账各一册，资产负债表、利润表各一份。

五、实训要求

（一）建账。

根据实训资料（一）、（二）、（三）开设总账、现金日记账、银行存款日记账以及应收账款、其他应收款、应付账款、其他应付款、原材料、生产成本等明细账；检查总账账户余额是否平衡，以及总账账户余额与所属明细账账户余额之和是否相等。

（二）审核原始凭证和编制会计凭证。

根据资料（四）审核原始凭证，将原始凭证裁剪下来；根据原始凭证采用通用记账凭证编制记账凭证，将裁剪下来的原始凭证附在有关记账凭证后面；按经济业务顺序对编制的记账凭证编号并按顺序整理好记账凭证。

（三）登记总账及有关明细账。

根据审核后的记账凭证登记现金日记账和银行存款日记账与明细账；每 10 天汇总一次记账凭证，填制科目汇总表后根据科目汇总表登记总账；核对总账与日记账及有关明细账后进行结账工作；编制发生额及余额试算平衡表。

（四）编制会计报表。

（1）根据编制的试算平衡表编制资产负债表。

（2）根据 2010 年 1 月损益类账户的发生额编制利润表。

（五）整理会计资料。

按规定将凭证折叠整齐；填写好凭证封面，将会计凭证装订成册；将会计报表按资产负债表、利润表的顺序加封面装订成册。

第三部分　配套教材实训练习

实训练习一　会计要素与会计科目[①]

一、了解会计要素的构成内容

资料：四川天一有限公司的会计要素

短期借款、存货、实收资本、银行存款、应交税费、无形资产、预收账款、应付债券、主营业务收入、未分配利润、财务费用、投资收益

要求：将以上要素分别列入资产类、负债类、所有者权益类、收入类、费用类和利润类项目，填入会计要素分类表3－1－1。

表3－1－1　　会计要素分类表

会计要素类别	会 计 要 素 项 目
资产类	
负债类	
所有者权益类	
收入类	
费用类	
利润类	

二、熟悉资产的内容和种类

资料：四川天一有限公司2008年12月31日的资产如下：

（1）厂房一栋，价值100 000元。

（2）银行存款12 560元。

（3）库存原材料500吨，价值24 800元。

① 本实训练习与本系列教材中的《基础会计》第二章配套。

（4）尚未收回的货款 12 000 元。

（5）三年期国债 28 000 元。

（6）土地使用权，价值 50 000 元。

（7）生产甲产品专利权，价值 15 000 元。

（8）库存甲产品 1 000 件，价值 32 860 元。

（9）库存现金 1 876 元。

（10）尚未兑现的应收票据 3 张。

（11）开办费 30 000 元。

（12）预付下年保险费 3 060 元。

（13）在产品 200 件，价值 5 784 元。

（14）某公司股票 12 000 元，拟于半年后出售。

（15）机器设备 5 台，价值 150 000 元。

要求：指出上述资产类账户归属的资产种类。

三、熟悉负债和所有者权益的内容和种类

资料：四川天一有限公司 2008 年 12 月 31 日的负债和所有者权益构成如下：

（1）欠材料供应单位货款 16 800 元。

（2）投资者甲的资本金 200 000 元。

（3）须于两年后偿还的银行借款 50 000 元。

（4）应付票据 10 张，金额 32 420 元。

（5）预收购货单位货款 8 000 元。

（6）投资者乙的资本金 100 000 元。

（7）向投资者分配的利润 10 670 元。

（8）预提短期银行借款利息 6 000 元。

（9）资本溢价 41 800 元。

（10）应交税费 4 730 元。

（11）盈余公积 24 000 元。

（12）须于半年后偿还的银行借款 20 000 元。

要求：指出上述项目哪些归属负债类账户，哪些归属所有者权益类账户，并对负债类账户按流动负债和长期负债分类。

四、练习资金变化类型

资料：四川天一有限公司发生经济业务如下：

（1）用银行存款购买材料。

（2）用银行存款支付前欠 A 单位货款。

（3）用盈余公积弥补职工福利费。

（4）向银行借入长期借款，存入银行。

（5）收到投资者投入的设备。

（6）向国外进口设备，款未付。

（7）用银行存款归还长期借款。

（8）企业以固定资产向外单位投资。

（9）用应付票据归还前欠 B 单位货款。

（10）经批准，代企业所有者乙以资本金偿还其应付其他单位欠款。

（11）企业所有者甲代企业归还银行借款，并将其转为投入资本。

（12）将盈余公积转作资本。

要求：分析上列各项经济业务的类型，填入表 3－1－2：

表 3－1－2

类　型	经济业务序号
1. 一项资产增加，另一项资产减少	
2. 一项负债增加，另一项负债减少	
3. 一项所有者权益增加，另一项所有者权益减少	
4. 一项资产增加，一项负债增加	
5. 一项资产增加，一项所有者权益增加	
6. 一项资产减少，一项负债减少	
7. 一项资产减少. 一项所有者权益减少	
8. 一项负债减少，一项所有者权益增加	
9. 一项负债增加，一项所有者权益减少	

五、练习会计基本等式

资料：（一）四川天一有限公司 2008 年 7 月初的资产、负债及所有者权益情况如表 3－1－3：

表 3－1－3

资　产	金　额	负债及所有者权益	金　额
库存现金	2 000.00	负债：	
银行存款	5 000.00	短期借款	8 000.00
应收账款	3 000.00	应付账款	9 000.00
其他应收款	4 000.00	应付职工薪酬	8 000.00
材料采购	2 000.00		
生产成本	7 000.00	所有者权益；	
原材料	8 000.00	实收资本	9 000.00
库存商品	9 000.00	盈余公积	7 000.00
固定资产	9 000.00	未分配利润	8 000.00
合　　计	49 000.00	合　　计	49 000.00

（二）四川天一有限公司2008年7月发生下列各项经济业务：

（1）向甲公司购入原材料一批，计价50 000元，材料验收入库，货款未付。

（2）生产车间领用材料45 000元投入生产。

（3）向银行借入短期借款50 000元存入银行。

（4）以现金暂付职工李成差旅费1 000元。

（5）以银行存款偿还前欠甲公司材料款20 000元。

（6）收到某公司投入资本300 000元，存入银行。

（7）收到乙公司前欠货款2 000元，存入银行。

（8）从银行提取现金1 000元。

（9）以银行存款购入电子计算机五台，价值20 000元。

（10）以银行存款支付劳保医院医药费5 000元。

要求：将资产、负债及所有者权益各项目的7月初金额和月内增减变化的金额填入表3－1－4，同时计算出期末余额和合计数：

表3－1－4　　　　　　　　　　　　　　　　　　　　　单位：元

资　产	期初数	本月增加数	本月减少数	月末余额	负债及所有者权益	期初数	本月增加数	本月减少数	月末余额
库存现金					短期借款				
银行存款					应付账款				
应收账款					应付职工薪酬				
其他应收款					实收资本				
材料采购					盈余公积				
生产成本					未分配利润				
原材料									
库存商品									
固定资产									
总　计					总　计				

六、分析会计科目，并按经济内容分类

资料：四川天一有限公司发生下列各项经济业务：

（1）存放在出纳处的现金500元。

（2）在银行里的存款144 500元。

（3）向银行借入3个月期限的临时借款600 000元。

（4）仓库中存放的材料，价值380 000元。

（5）仓库中存放的已完工产品，价值60 000元。

（6）正在加工中的在产品，价值75 000元。

（7）向银行借入1年以上期限的借款450 000元。

（8）房屋及建筑物价值 2 400 000 元。

（9）所有者投入的资本 2 000 000 元。

（10）机器设备价值 750 000 元。

（11）应收外单位的货款 140 000 元。

（12）应付外单位的材料款 120 000 元。

（13）以前年度积累的未分配利润 280 000 元。

（14）对外长期投资 500 000 元。

要求：判断上列各项经济业务的会计科目名称及所属会计要素，填入表 3-1-5：

表 3-1-5

序号	经济业务内容	会计科目	会计要素
（1）			
（2）			
（3）			
（4）			
（5）			
（6）			
（7）			
（8）			
（9）			
（10）			
（11）			
（12）			
（13）			
（14）			

七、分析会计科目，并按隶属关系分类

资料：四川天一有限公司现用部分会计科目、子目和细目如下：

（1）原材料　（2）短期借款　（3）B 产品生产成本

（4）应收 B 公司货款　（5）主要材料　（6）辅助材料

（7）应付工厂货款　（8）应付账款　（9）临时借款

（10）固定资产　（11）甲材料　（12）乙材料

（13）生产成本　（14）基本生产成本　（15）润滑油

（16）运输工具　（17）生产用房　（18）生产用固定资产

（19）A 产品生产成本　（20）机器设备　（21）应收账款

（22）辅助生产成本　　（23）应收A单位货款　（24）应付子公司货款

要求：在上列会计科目中，列表分清哪些属于一级科目，哪些属于二级科目，哪些属于明细科目（表3－1－6）：

表3－1－6

一级总账科目	二级子目	三级子目
原材料	主要材料	甲材料　乙材料

八、了解各账户的期末余额与本期发生额的关系

资料：四川天一有限公司2008年8月份的总分类账户本期发生额及余额表如表3－1－7所示：

表3－1－7　　总分类账户本期发生额及余额表

2008年8月30日

会计科目	期初余额		本期发生额		期末余额	
	借方	贷方	借方	贷方	借方	贷方
库存现金	2 000.00	—	8 000.00	7 000.00	（　）	（　）
银行存款	25 000.00	—	22 000.00	（　）	（　）	（　）
应收账款	13 000.00	—	—	13 000.00	（　）	（　）
原材料	12 000.00	—	20 000.00	30 000.00	（　）	（　）
生产成本	—	—	40 000.00	30 000.00	（　）	（　）
产成品	18 000.00	—	30 000.00	20 000.00	（　）	（　）
固定资产	（　）	—	—	—	（　）	（　）
短期借款	—	30 000.00	—	—	（　）	（　）
应付账款	—	（　）	—	10 000.00	（　）	（　）
实收资本	—	50 000.00	—	—	（　）	（　）
合计	100 000.00	（　）	（　）	（　）	（　）	（　）

要求：根据表中资料，计算填列括号中的有关数字并进行试算平衡。（表中“—”表示没有发生额）

九、掌握账户的基本结构

资料：(一) 四川天一有限公司 2008 年 9 月 1 日“银行存款”账户的期初余额为 32 840 元，9 月份发生的存款收支经济业务如下：

(1) 2 日，向银行送存现金 40 800 元。

(2) 5 日，用银行存款支付采购材料款 28 000 元。

(3) 10 日，提取现金 30 000 元，备发工资。

(4) 15 日，销售甲产品收入 32 000 元，存入银行。

(5) 23 日，银行计付一季度存款利息 360 元，转入存款户。

(6) 28 日，支取存款 4 800 元，用于支付水电费。

(二) 四川天一有限公司 2008 年 9 月 1 日“应付账款”账户的期初余颇为 30 000 元，9 月份发生的借款和还款业务如下：

(1) 1 日，购入生产用 A 钢材，货款 42 800 元暂欠。

(2) 6 日，归还前欠供应单位部分货款 22 000 元。

(3) 13 日，前购入 A 钢材因规格不符，退回其中的 20 000 元钢材。

(4) 22 日，归还 A 钢材欠款 22 800 元。

(5) 28 日，购入生产用机器设备，价款 165 000 元，其中 100 000 元用银行存款支付，剩余部分暂欠。

要求：(1) 根据资料 (一)，开设“银行存款”T 形账户，将经济业务登入该账户中，并计算 9 月 30 日银行存款账户的期末余额；

(2) 根据资料 (二)，开设“应付账款”T 形账户，将经济业务登入该账户中，并计算该厂 9 月 30 日应付账款账户的期末余额。

实训练习二　会计等式与复式记账[①]

一、练习会计基本等式

资料：四川天一有限公司 2010 年 7 月末资产总额为 1 080 000 元，负债总额为 880 000 元，所有者权益为 200 000 元。8 月份发生的经济业务事项如下：

(1) 从银行提取现金 20 000 元。

(2) 收回应收账款 200 000 元，存入银行。

(3) 以银行存款 500 000 元，归还到期的银行借款。

(4) 收到投资者投入的设备一台，评估确认的价值为 800 000 元。

(5) 开出商业承兑汇票 180 000 元，购进一台设备。

① 本实训练习与本系列教材中的《基础会计》第三章配套。

（6）开出支票50 000元，偿还应付账款。

（7）购入材料10 000元，增值税1 700元，货款尚未支付。

（8）预收成都华联公司购货款20 000元，款已存入银行。

（9）以现金50 000元支付职工应付工资。

（10）按规定支付投资者应付利润80 000元。

要求：（1）分析经济业务发生后影响资金增减变化的金额，填入表3－2－1，检查发生额是否符合会计基本等式。

表3－2－1

经济业务事项	资产增加	资产减少	负债及所有者权益增加	负债及所有者权益减少
（1）				
（2）				
（3）				
（4）				
（5）				
（6）				
（7）				
（8）				
（9）				
（10）				
合　计				

（2）计算8月末资产总额、负债总额及所有者权益总额，检查是否符合会计基本等式。

二、掌握会计分录的编制以及账户发生额、余额的结转

资料：四川天一有限公司2010年9月份发生的部分经济业务如下：

（1）成都华发公司追加投资600 000元，存入银行。

（2）开出一张金额为30 000元的转账支票偿还银行借款。

（3）购进机器设备一台，价值为200 000元，价款暂欠。

（4）向银行借款80 000元，偿还前欠购货款。

（5）收回前欠的货款34 000元，存入银行。

（6）收到成都华发公司投入的设备，价值500 000元。

（7）经批准代成都华发公司以资本金偿还其应付给其他单位的欠款100 000元。

（8）成都华发公司代企业归还银行短期借款200 000元，并将其转为投入资本。

（9）用盈余公积弥补职工福利费30 000元。

（10）用盈余公积弥补以前年度的亏损额45 000元。

要求：（1）分析经济业务的类型，填入表3－2－2。

表3－2－2

经济业务类型	经济业务序号
一项资产增加，另一项资产减少	
一项负债增加，另一项负债减少	
一项所有者权益增加，另一项所有者权益减少	
一项资产增加，一项负债增加	
一项资产增加，一项所有者权益增加	
一项资产减少，一项负债减少	
一项资产减少，一项所有者权益减少	
一项负债减少，一项所有者权益增加	
一项负债增加，一项所有者权益减少	

（2）编制会计分录，计算并检查资产、负债和所有者权益的发生额是否平衡（表3－2－3）。

表3－2－3　　四川天一有限公司会计分录簿

序号	经济业务摘要	会计分录
（1）		借： 贷：
（2）		借： 贷：
（3）		借： 贷：
（4）		借： 贷：
（5）		借： 贷：

表3－2－3(续)

序号	经济业务摘要	会 计 分 录
(6)		借： 贷：
(7)		借： 贷：
(8)		借： 贷：
(9)		借： 贷：
(10)		借： 贷：

三、练习资金变化类型与发生额、余额的计算及试算平衡

资料：（一）四川天一有限公司 2010 年 10 月 1 日的有关账户期初余额如表 3－2－4：

表 3－2－4　　　　**账户余额表**　　　　单位：元

账户名称	借方余额	贷方余额
固定资产	200 000.00	
原材料	42 000.00	
短期借款		6 000.00
长期借款		45 000.00
银行存款	26 000.00	
库存现金	800.00	
应收账款	35 000.00	
实收资本		260 300.00
应付账款		2 000.00
库存商品	9 500.00	
合计		

（二）四川天一有限公司2010年10月份发生的部分经济业务如下：

（1）2日，购入原材料一批，货款3 000元，以银行存款支付。

（2）5日，仓库发出材料一批，价值8 400元，其中用于产品生产的材料价值5 000元，车间一般耗用的材料价值3 400元。

（3）10日，企业购入一批材料，价值16 800元，以银行存款支付16 000元，余款暂欠。

（4）14日，对外销售产品一批，货款6 000元尚未收到。

（5）20日，以银行存款支付营业费用1 500元。

（6）31日，结转本月已售产品的生产成本3 200元。

要求：根据上述资料编制会计分录（表3－2－5），结出各个账户的本期发生额及期末余额，进行试算平衡。

表3－2－5　　四川天一有限公司会计分录簿

序号	经济业务摘要	会计分录
（1）		借： 贷：
（2）		借： 贷：
（3）		借： 贷：
（4）		借： 贷：
（5）		借： 贷：
（6）		借： 贷：

实训练习三　会计凭证[①]

一、练习记账凭证的填制、凭证识别和审核

资料：四川天一有限公司2010年11月份发生的经济业务如下：

（1）1日，投资者投资500 000元，存入银行。

（2）2日，向银行取得短期借款300 000元，存入银行。

（3）5日，购买设备，价值200 000元，发生的运输费用为10 000元，货款和运费用银行存款付讫。

（4）8日，以银行存款购买原材料，价值20 000元，原材料验收入库。

（5）10日，生产车间领用原材料，价值15 000元。

（6）14日，从银行存款中提取现金5 000元，准备发放工资。

（7）15日，以现金发放生产工人工资4 000元，管理人员工资1 000元。

（8）20日，销售2 000元产品，收到现金。

（9）21日，将现金收入2 000元存入银行。

（10）21日，采购员王勇出差暂借差旅费1 000元，开出现金支票一张。

（11）25日，采购员王勇出差回来，经审核可报销差旅费800元，余款200元现金退还给出纳员。

（12）31日，结转已销售的产品的成本1 600元。

要求：编制记账凭证，指出每笔经济业务的原始凭证哪些属于外来原始凭证，哪些属于自制原始凭证，学会如何对这些原始凭证进行审核。

二、练习记账凭证的选择与编制方法

资料：四川天一有限公司2010年12发生的经济业务如下：

（1）1日，收到成都金利公司归还的货款40 000元，存入银行。

（2）2日，从成都宏达公司购入A材料10吨，每吨400元，增值税率为17%。款项用银行存款支付，材料尚未入库。

（3）2日，上述材料发生运杂费1 000元，当即用银行存款支付。

（4）3日，从银行提取现金70 000元，备发工资。

（5）3日，以现金70 000元发放本月应付职工工资。

（6）5日，收到成都远光公司的专利投资，价值20 000元。

（7）6日，从银行提取现金3 000元，备零星开支。

（8）6日，采购员黎明出差预借差旅费2 000元。

---

① 本实训练习与本系列教材中的《基础会计》第四章配套。

（9）8 日，用银行存款 30 000 元归还银行的短期借款。

（10）8 日，用银行存款 5 000 元支付广告费。

（11）9 日，从成都宏达公司购入 A 材料，验收入库，结转其成本。

（12）11 日，采购员黎明出差回来报销差旅费 1 800 元，同时交回余款 200 元。

（13）12 日，售给成都光明公司甲产品 700 件，每件销售价格为 80 元，成本为 60 元，增值税率为 17%，款项已存入银行。

（14）15 日，向银行借入三个月期限的借款 50 000 元。

（15）16 日，用现金购买办公用品 500 元。

（16）16 日，用银行存款偿还本月的银行借款利息 600 元。

（17）18 日，领用原材料 A 进行产品甲的生产，价值 15 000 元。

（18）18 日，车间领用原材料 A，价值为 3 000 元，厂部行政管理部门领用原材料 A，价值为 5 000 元，作为一般耗费。

（19）19 日，用银行存款支付本月车间发生的水电费 5 600 元。

（20）19 日，本月发生职工薪酬 70 000 元，其中，车间生产工人的薪酬 51 000 元，一般管理人员的薪酬 9 000 元，厂部行政管理部门人员的薪酬 10 000 元。

（21）21 日，用银行存款支付本月电话费 7 800 元，其中，车间 1 200 元，厂部行政管理部门 5 600 元。

（22）21 日，将现金 3 000 元存入银行。

（23）23 日，通过银行向希望工程捐款 30 000 元。

（24）25 日，甲产品本月完工入库，价值 128 000 元。

（25）25 日，用银行存款 10 000 元归还前欠成都东方公司的货款。

（26）26 日，因供货单位违约，收到罚款 2 600 元。

（27）28 日，向成都新星公司提供设备维修劳务，价值 1 600 元，款项尚未收到。

（28）30 日，计提本月固定资产折旧 20 000 元，其中，车间用固定资产折旧 15 000 元，厂部管理部门用固定资产折旧 5 000 元。

（29）30 日，结转本月甲产品的销售成本。

（30）30 日，本月发生应交的销售税金及附加 3 600 元。

要求：（1）指出上述每一笔业务应采用的专用记账凭证的类型；

（2）根据资料编制记账凭证。

实训练习四　会计账簿[①]

一、练习日记账、分类账的登记

资料：四川天一有限公司2010年11月1日部分账户的期初余额如下：

库存现金	1 000元	短期借款	20 000元
银行存款	28 000元	应付账款	10 000元（长江公司）
其他应收款	6 000元（李成）	实收资本	30 000元
应收账款	25 000元（甲公司15 000元，乙公司10 000元）		

11月份发生的部分经济业务如下：

（1）从银行提取现金1 000元。

（2）以现金借支张妮妮差旅费400元，王武借支差旅费600元。

（3）收到李成所欠其他应收款6 000元，存入银行。

（4）收回甲公司原欠货款10 000元、乙公司原欠货款5 000元，分别收到转账支票。

（5）开出转账支票支付所欠长江公司货款5 000元。

（6）向长江公司购进材料，价值20 000元，向东山公司购进材料，价值30 000元，材料入库，款未付（不考虑增值税）。

（7）开出转账支票支付所欠长江公司货款15 000元，支付所欠东山公司货款20 000元。

（8）张妮妮实际报销差旅费300元，退回现金100元；王武实际报销差旅费400元，退回现金200元。

要求：（1）根据发生的经济业务编制会计分录；

（2）根据账户的期初余额开设现金日记账、银行存款日记账、总分类账和应收账款、其他应收款、应付账款的明细账；

（3）根据会计分录登记各类账簿，并结出各账户的发生额和期末余额。

二、练习错账的更正方法

资料：四川天一有限公司会计人员在结账前进行对账时，查找出以下错账：

（1）用银行存款付建造固定资产的工程价款86 000元，编制会计分录。

借：在建工程	86 000	
贷：银行存款		86 000

在过账时，“在建工程”账户记录为68 000元。

（2）用现金支付职工生活困难补助300元，编制会计分录。

---

① 本实训练习与本系列教材中的《基础会计》第五章配套。

借：管理费用　　300

　贷：库存现金　　300

（3）计提车间生产用固定资产折旧3 500元，编制会计分录。

借：制造费用　　35 000

　贷：累计折旧　　35 000

（4）用现金支付工人工资45 000元，编制会计分录。

借：应付职工薪酬　　1 500

　贷：库存现金　　4 500

要求：指出各种错账应采用的更正方法，编制需更正的会计分录。

实训练习五　账务处理程序①

一、掌握记账凭证账务处理程序的基本特点和技能

资料：（一）四川天一有限公司2009年5月初各账户余额如表3－5－1所示：

表3－5－1

账户名称	借方余额	账户名称	贷方余额
银行存款	500 000.00	短期借款	30 000.00
库存现金	4 000.00	应付账款	17 000.00
应收账款	96 000.00	应交税费	15 000.00
原材料	200 000.00	应付职工薪酬	38 000.00
库存商品	100 000.00	实收资本	1 500 000.00
固定资产	800 000.00	本年利润	100 000.00
合　　计	1 700 000.00	合　　计	1 700 000.00

（二）四川天一有限公司2009年5月份发生以下各项经济业务（进、销价均含17%的增值税）：

（1）向成都旺成公司购入甲材料200千克，每千克2 340元，计468 000元，货款以银行存款支付。

（2）以现金支付甲材料运杂费2 000元。

（3）甲材料200千克验收入库，按实际成本转账。

（4）以银行支票15 000元缴纳上月销售税金。

（5）以银行支票3万元归还临时借款。

① 本实训练习与本系列教材中的《基础会计》第六章配套。

（6）收到成都竞克公司货款 36 000 元、成都达发公司货款 60 000 元，存入银行。

（7）以现金 100 元购入劳保用品，当即交车间使用。

（8）仓库发出乙材料 460 千克，每千克进价 1 010 元，其中 300 千克用以制造 B 产品，160 千克用以制造 A 产品。

（9）购入新机器一台，价值 70 000 元，以银行支票支付。

（10）销售给成都竞克公司 A 产品 100 件，每件 2 000 元，价税款 234 000 元尚未收到。

（11）销售给成都达发公司 B 产品 100 件，每件 4 000 元，价税款 468 000 元尚未收到。

（12）以银行存款支付广告费 1 600 元。

（13）仓库发出甲材料 100 千克，每千克 2 340 元，用于制造 A 产品。

（14）以银行存款支付车间设备修理费 1 000 元。

（15）以现金 1 000 元支付销售产品运杂费。

（16）购入丁材料 100 千克验收入库，价税款 17 000 元以银行存款支付，按实际成本转账。

（17）仓库发出车间一般耗用的丁材料 40 千克，每千克 100 元。

（18）向成都金鑫公司购入乙材料 200 千克，每千克 1 000 元，款 234 000 元，以银行支票支付。

（19）以银行支票支付乙材料运输装卸费 2 000 元。

（20）乙材料 200 千克验收入库，按实际成本转账。

（21）仓库发出甲材料 200 千克、每千克进价 130 元，用于制造 B 产品。

（22）向成都鑫牛公司购入丙材料 400 千克，货款 200 000 元用银行存款支付，材料未到。

（23）以银行存款支付丙材料运杂费 4 000 元。上述丙材料 300 千克验收入库，按实际成本转账。

（24）开出银行支票 1 000 元，提取现金。

（25）以银行支票 500 元购买管理部门办公用品。

（26）售出 A 产品 200 件，货款 600 000 元，存入银行。

（27）以现金 400 元支付销售 A 产品装卸搬运货。

（28）收到成都竞克公司货款 234 000 元，存入银行。

（29）收到成都达发公司货款 468 000 元，存入银行。

（30）向成都金鑫公司购入乙材料 300 千克，款 300 000 元，运杂费 3 000 元，以银行支票支付。

（31）乙材料 300 千克已验收入库，按实际成本转账。

（32）售出 B 产品 150 件，价税款 702 000 元存入银行。

（33）以现金支付 B 产品销售运杂费 500 元。

（34）购入会计用凭证账簿 600 元，车间用文具用品 800 元，分别以现金支付。

（35）仓库发出丙材料 150 千克，其中 50 千克用以制造 A 产品，100 千克用以制造

B 产品，丙材料成本每千克 510 元。

（36）以银行支票 4 500 元支付车间机器修理费。

（37）管理部门人员出差回来报销差旅费 1 290 元，已预借 1 500 元，余款交回现金。

（38）向银行提取现金 38 000 元，用以发放工资。

（39）以现金 38 000 元发放工资。

（40）销售给成都竞克公司 A 产品 100 件，价税款 4 680 000 元尚未收到。

（41）以现金 300 元支付 A 产品销售搬运费。

（42）以银行支票支付报刊费 2 400 元。

（43）以银行支票支付本月份电费 8 000 元，其中车间生产用电 6 000 元，管理部门用电 2 000 元。

（44）以银行支票支付本月份水费 800 元，其中车间用水 600 元，管理部门用水 200 元。

（45）结算本月职工工资 38 000 元，其中生产工人工资 30 000 元（A 产品工人工资为 18 000 元，B 产品工人工资为 12 200 元），车间技术管理人员工资为 5 000 元，行政管理部门工资为 3 000 元。

（46）计提本月固定资产折旧 4 000 元，其中车间用固定资产折旧 2 500 元，行政管理部门固定资产折旧 1 500 元。

（47）应付本月份银行借款利息 6 000 元。

（48）结转本月份制造费用，按生产工人工资比例分配计入 A、B 产品生产成本。

（49）月末 A、B 产品全部完工，结转已完工产品的实际生产成本。

（50）结算本月应付消费税 11 300 元。

（51）结转已销产品生产成本：A 产品实际成本 88 200 元，B 产品实际成本 68 680 元。

（52）结转各项损益账户，计算本月利润总额。

（53）计算应缴所得税，税率 25%。

（54）将“所得税费用”转入“本年利润”账户。

（55）将“本年利润”账户的税后余额转入“利润分配”账户

（56）按税后利润 10% 计提盈余公积。

（57）计算应分配给投资者利润。

要求：（1）根据资料（二）编制记账凭证（以会计分录代替，表 3-5-2）。

表 3-5-2　　四川天一有限公司会计分录簿

序号	经济业务摘要	会 计 分 录
(1)		借： 贷：

表3－5－2(续)

序号	经济业务摘要	会　计　分　录
(2)		借: 　贷:
(3)		借: 　贷:
(4)		借: 　贷:
(5)		借: 　贷:
(6)		借: 　贷:
(7)		借: 　贷:
(8)		借: 　贷:
(9)		借: 　贷:
(10)		借: 　贷:
(11)		借: 　贷:
(12)		借: 　贷:
(13)		借: 　贷:

表3－5－2(续)

序号	经济业务摘要	会 计 分 录
(14)		借： 贷：
(15)		借： 贷：
(16)		借： 贷：
(17)		借： 贷：
(18)		借： 贷：
(19)		借： 贷：
(20)		借： 贷：
(21)		借： 贷：
(22)		借： 贷：
(23)		贷：
(24)		借： 贷：
(25)		借： 贷：

表3－5－2(续)

序号	经济业务摘要	会 计 分 录
(26)		借： 贷：
(27)		借： 贷：
(28)		借： 贷：
(29)		借： 贷：
(30)		借： 贷：
(31)		借： 贷：
(32)		借： 贷：
(33)		借： 贷：

表3－5－2(续)

序号	经济业务摘要	会计分录
(34)		借： 贷：
(35)		借： 贷：
(36)		借： 贷：
(37)		借： 贷：
(38)		借： 贷：
(39)		借： 贷：
(40)		借： 贷：
(41)		借： 贷：
(42)		借： 贷：
(43)		借： 贷：
(44)		借： 贷：

表3-5-2(续)

序号	经济业务摘要	会计分录
(45)		借: 贷:
(46)		借: 贷:
(47)		借: 贷:
(48)		借: 贷:
(49)		借: 贷:
(50)		借: 贷:
(51)		借: 贷:
(52)		借: 贷:
(53)		借: 贷:
(54)		借: 贷:
(55)		借: 贷:
(56)		借: 贷:

（2）根据资料（一）开设总分类账户，根据记账凭证登账。

（3）月末办理对账和结账，编制总分类账户本期发生额及余额试算平衡表3－5－3。

表3－5－3　　试　算　平　衡　表　　单位：元

账户名称	期初余额		本期发生额		期末余额	
	借　方	贷　方	借　方	贷　方	借　方	贷　方

（4）编制资产负债表和利润表。

二、掌握科目汇总表账务处理程序的基本特点和技能

资料：同上资料（一）与资料（二）。

要求：根据编制的记账凭证，登记现金日记账和银行存款日记账与明细账；每10天汇总一次记账凭证，填制科目汇总表后根据科目汇总表登记总账。

实训练习六　财产清查[①]

一、掌握银行存款余额调节表的编制方法

资料：四川天一有限公司2010年12月31日银行存款日记账的余额为56 000元，银行转来的对账单的余额为74 000元。经过逐笔核对，存在如下未达账项：

（1）企业收销货款2 000元，已记银行存款增加，而银行尚未记增加。

（2）企业付购料款18 000元，已记银行存款减少，而银行尚未记减少。

（3）银行收到上海乙企业汇来的购货款10 000元，银行已记增加，而企业尚未记增加。

（4）银行代企业支付购货款8 000元，银行已记减少，而企业尚未记减少。

要求：根据以上资料，编制银行存款余额调节表表3－6－1。

表3－6－1　　银行存款余额调节表

年　月　日　　单位：元

项　　目	金　额	项　　目	金　额
银行对账单存款余额 加：企业已收银行未收 减：企业已付银行未付		企业银行存款账余额 加：银行已收企业未收 减：银行已付企业未付	
调节后的存款余额		调节后的存款余额	

二、练习财产清查结果的会计处理

资料：（1）企业对库存现金进行实地盘点后，发现现金短少24元。经查，系出纳人员责任所致。报经批准，应由出纳人员负责赔偿，出纳人员当即交来赔款。

（2）期末对存货进行清查，发现A材料盘盈200千克，同类材料的市场价格为每千克30元。经查，该盘盈属工作中计量有误所造成，当即报经批准账务处理。

（3）企业在财产清查中，发现毁损乙材料80千克，单位成本20元。经查，是由于保管人员保管不善所造成。经批准，由该保管人员赔偿1 000元，残料已办理入库，价值500元。

（4）因自然灾害造成企业丙材料毁损一批，实际成本10 000元，根据保险合同，应由保险公司负责赔偿6 000元。

（5）企业在对固定资产清查中，发现账外设备一台，经调查，该同类设备的市场

① 本实训练习与本系列教材中的《基础会计》第七章配套。

价格为30 000元，该设备估计有七成新，报请批准后进行账务处理。

（6）企业在固定资产清查中盘亏机器一台，账面原价48 000元，该机器已提折旧32 000元，报请批准后予以转销。

（7）应收某企业货款5 000元，经清查，确实无法收回，经批准冲销坏账准备。

要求：根据资料编制会计分录（表3-6-2）。

表3-6-2　　四川天一有限公司会计分录簿

序号	经济业务摘要	会计分录
（1）		借： 　贷： 借： 　贷：
（2）		借： 　贷： 借： 　贷：
（3）		借： 　贷： 借： 　贷：
（4）		借： 　贷： 借： 　贷：
（5）		借： 　贷： 借： 　贷：

表3－6－2(续)

序号	经济业务摘要	会　计　分　录
(6)		借： 　贷： 借： 　贷：
(7)		借： 　贷： 借： 　贷：

实训练习七　财务会计报告①

一、练习资产负债表的编制

资料：四川天一有限公司2009年12月31日账户的余额如表3－7－1：

表3－7－1　　　　四川天一有限公司2009年12月31日账户余额表

账户名称	借方余额	账户名称	贷方余额
库存现金	50 000.00	短期借款	300 000.00
银行存款	250 000.00	应付账款	150 000.00
其他应收款	10 000.00	其他应付款	10 000.00
原材料	300 000.00	应付职工薪酬	50 000.00
应收账款	150 000.00	应交税费	50 000.00
库存商品	250 000.00	应付利息	50 000.00
长期股权投资	800 000.00	长期借款	500 000.00
生产成本	200 000.00	累计折旧	100 000.00
固定资产	1 000 000.00	实收资本	1 500 000.00
无形资产	100 000.00	盈余公积	130 000.00
利润分配		本年利润	270 000.00
合 计	3 010 000.00	合 计	3 010 000.00

① 本实训练习与本系列教材中的《基础会计》第八章配套。

“应收账款”明细账余额：甲工厂　　350 000 元（借）

乙工厂　　200 000 元（贷）

“应付账款”明细账余额：丙工厂　　160 000 元（贷）

丁工厂　　10 000 元（借）

要求：编制四川天一有限公司 2009 年 12 月末资产负债表（表 3－7－2）：

表 3－7－2　　　　　　　　资　产　负　债　表

编制单位：　　　　　　　　年　月　日　　　　　　　　单位：元

资　　产	年初数	期末数	负债和所有者权益	年初数	期末数
流动资产：			流动负债：		
货币资金			短期借款		
短期投资			应付票据		
应收票据			应付账款		
应收账款			预收账款		
减：坏账准备			其他应付款		
应收账款净额			应付职工薪酬		
预付账款			应交税费		
其他应收款			应付利润		
存货			应付利息		
周转材料			一年内到期非流动负债		
待处理流动资产净损失			其他流动负债		
一年内到期的非流动资产					
其他流动资产					
流动资产合计			流动负债合计		
长期投资：			长期负债：		
长期投资			长期借款		
固定资产			应付债券		
减：累计折旧			长期应付款		
固定资产净值			其他长期负债		
固定资产清理					
在建工程					
待处理固定资产净损失			长期负债合计		
固定资产合计			负债合计		

表3－7－2(续)

资　　产	年初数	期末数	负债和所有者权益	年初数	期末数
无形及递延资产：			所有者权益：		
无形资产			实收资本		
递延资产			资本公积		
无形及递延资产合计			盈余公积		
其他资产：			未分配利润		
其他长期资产					
其他资产合计			所有者权益合计		
资产合计			负债及所有者权益合计		

二、练习利润表的编制

资料：四川天一有限公司2009年12月损益类账户发生额及1～11月累计发生额如表3－7－3：

表3－7－3　　四川天一有限公司2009年损益类账户发生额

账户名称	1—11月累计发生额		12月发生额	
	借　方	贷　方	借　方	贷　方
主营业务收入		3 500 000.00		900 000.00
主管业务成本	2 500 000.00		600 000.00	
销售费用	400 000.00		100 000.00	
主营业务税金及附加	180 000.00		50 000.00	
管理费用	250 000.00		50 000.00	
财务费用	120 000.00		20 000.00	
其他业务收入		150 000.00		30 000.0
其他业务成本	100 000.00		10 000.00	
投资收益		50 000.00		20 000.00
营业外收入		80 000.00		50 000.00
营业外支出	30 000.00		10 000.00	
所得税费用	50 000.00		40 000.00	

要求：根据资料编制四川天一有限公司2009年12月利润表（表3－7－4）。

表3-7-4 **利　润　表**

编制单位：　　　　　　　　年　月　日　　　　　　　　单位：元

项　目	本月数	本年累计数
一、主营业务收入		
减：主营业务成本		
营业税金及附加		
销售费用		
二、主营业务利润		
加：其他业务收入		
减：其他业务成本		
管理费用		
财务费用		
三、业务利润		
加：投资收益		
营业外收入		
减：营业外支出		
四、利润总额		
减：所得税费用		
五、本年利润		

实训练习八　主要经济业务事项账务处理①

一、资金筹集的账务处理与核算

资料：四川天一有限公司2009年1月份发生的部分经济业务如下：

（1）1日，收到成都鹏伟公司投资500 000元，存入银行。

（2）8日，借到6个月期限的200 000元银行借款，款项已划入银行存款账户。

（3）9日，收到成都放明公司投入设备一台，价值100 000元。

（4）10日，成都大珂公司以新建厂房向企业投资，厂房的评估价为1 300 000元。

（5）15日，收到成都飞跃公司投入的材料，价值200 000元。

（6）22日，收到成都起飞研究所的专利权投资，价值200 000元。

（7）28日，借到三年期限的500 000元银行借款，款项已划入银行存款账户。

（8）30日，成都旺发公司以土地使用权作价800 000元作为投资。

要求：根据经济业务编制会计分录（表3－8－1）。

表3－8－1　　　　四川天一有限公司会计分录簿

序号	经济业务摘要	会 计 分 录
(1)		借： 贷：
(2)		借： 贷：
(3)		借： 贷：
(4)		借： 贷：
(5)		借： 贷：
(6)		借： 贷：
(7)		借： 贷：

① 本实训练习与本系列教材中的《基础会计》第十章配套。

表3－8－1(续)

序号	经济业务摘要	会 计 分 录
(8)		借： 贷：

二、采购过程的账务处理与核算

资料：四川天一有限公司2009年2月份发生的部分经济业务如下：

(1) 1日，向重庆天明公司购进甲材料20 000千克，单价25元，增值税率为17%，材料尚未到达，货款及税款以银行存款支付。

(2) 6日，向重庆天明公司购进甲材料40 000千克，单价25元，向重庆常寿公司购进乙材料50 000千克，单价20元，增值税率为17%。两种材料材料尚未到达，向两个公司分别开具了为期60天的商业承兑汇票进行结算。

(3) 9日，以银行存款支付本月采购的甲、乙两种材料的运输费11 000元。

(4) 10日，本月采购的甲、乙材料已验收入库，计算并结转其实际采购成本（运杂费按材料重量比例分摊）。

(5) 12日，向成都光明公司购入丙材料1 000千克，每千克30元，丁材料5 000千克，每千克40元，增值税进项税率为17%，货款及税款暂欠，材料已验收入库。

(6) 15日，以现金3 000元支付购入上述丙、丁两种材料的运杂费（运杂费按材料重量比例分摊）。

(7) 20日，以银行存款支付12日成都光明公司所购的丙、丁材料的货款及税款。

(8) 30日，结转验收入库的丙、丁材料的实际采购成本。

要求：根据经济业务编制会计分录（表3－8－2）。

表3－8－2　　四川天一有限公司会计分录簿

序号	经济业务摘要	会 计 分 录
(1)		借： 贷：
(2)		借： 贷：
(3)		借： 贷：

序号	经济业务摘要	会　计　分　录
(4)		借： 贷：
(5)		借： 贷：
(6)		借： 贷：
(7)		借： 贷：
(8)		借： 贷：

三、生产过程的账务处理与核算

资料：四川天一有限公司2009年3月份发生部分经济业务如下：

(1) 3日，以银行存款支付电力公司电费26 000元。其中生产A产品负担11 800元，生产B产品负担7 200元，车间照明用电5 000元，行政管理部门用电2 000元。

(2) 5日，以银行存款支付自来水公司水费1 500元。其中生产车间应负担1 000元，行政管理部门负担500元。

(3) 7日，以银行存款支付电话费1 600元。其中生产车间应负担600元，行政管理部门负担1 000元。

(4) 9日，从银行提取现金50 000元，准备发放工资。

(5) 10日，以现金支付应付职工工资50 000元。

(6) 31日，根据下表分配本月的材料费用（表3-8-3）。

表3-8-3　　**原材料耗费汇总表**　　单位：元

部门及用途	原材料名称			合计
	甲材料	乙材料	丙材料	
A产品耗用	10 000			115 000
B产品耗用			15 000	64 000
车间一般耗用	400	50 000	14 000	400
管理部门耗用	600			600
	101 000	50 000	29 000	180 000

(7) 31日，分配本月职工工资，其中A产品生产工人工资18 000元，B产品生产工人工资12 000元，车间管理人员工资3 000元，厂部行政管理人员工资7 000元。

(8) 31日，将本月发生的制造费用按生产工时比例分别计入A、B产品的生产成本（A产品生产1 300工时，B产品生产1 200工时）。

(9) 31日，本月投产A产品1 000件、B产品1 000件全部完工入库，结转完工产品实际生产成本。

要求：根据经济业务编制会计分录（表3-8-4）。

表3-8-4　　四川天一有限公司会计分录簿

序号	经济业务摘要	会　计　分　录
(1)		借： 贷：
(2)		借： 贷：
(3)		借： 贷：
(4)		借： 贷：
(5)		借： 贷：
(6)		借： 贷：

表3－8－4(续)

序号	经济业务摘要	会　计　分　录
(7)		借： 　贷：
(8)		借： 　贷：
(9)		借： 　贷：

四、销售过程的账务处理与核算

资料：(一) 四川天一有限公司2009年4月"库存商品"明细账户月初余额的资料如表3－8－5：

表3－8－5　　2009年4月1日"库存商品"明细账户

商品名称	数量（吨）	单价（元）	金额（元）
A商品	80	2 400	192 000
B商品	50	1 200	60 000
合　计			252 000

(二) 四川天一有限公司2009年4月份发生的部分经济业务如下：

(1) 5日，生产完工A商品120吨验收入库，单位成本2 400元。

(2) 8日，销售给成都恒运公司A商品100吨，每吨售价2 900元，增值税率为17%，收到该厂开出的2个月期的商业承兑汇票一张。

(3) 9日，销售给成都南山公司B商品40吨，每吨售价1 800元，增值税率为17%，款项尚未收到。

(4) 15日，收到9日的成都南山公司购货欠款及上月成都北江公司的购货欠款35 100元，两笔款项均已存入银行。

(5) 20日，开出转账支票支付广告费8 000元。

（6）30 日，计算并结转本月销售 A、B 商品的生产成本。

（7）30 日，计算本月应交城市维护建设税及教育费附加 3 600 元。

（8）4 月 30 日，将本月各项收入及费用由各损益类账户结转至“本年利润”账户。

要求：根据经济业务编制会计分录（表 3－8－6）。

表 3－8－6　　　　四川天一有限公司会计分录簿

序号	经济业务摘要	会　计　分　录
(1)		借： 贷：
(2)		借： 贷：
(3)		借： 贷：
(4)		借： 贷：
(5)		借： 贷：
(6)		借： 贷：
(7)		借： 贷：
(8)		借： 贷： 借： 贷：

五、利润形成与分配的账务处理与核算

资料：(一) 四川天一有限公司2009年12月30日有关科目的余额如表3－8－7：

表3－8－7　　2009年12月30日有关科目的余额　　单位：元

科　目　名　称	借方余额	贷方余额
主营业务收入		600 000
其他业务收入		40 000
投资收益		70 000
销售费用	25 000	
管理费用	70 000	
财务费用	5 000	
其他业务成本	10 000	
本年利润		2 000 000
所得税费用	50 000	

(二) 四川天一有限公司2009年12月31日发生经济业务如下：

(1) 结转已销售商品成本300 000元。

(2) 计算本月应负担的城市维护建设税及教育费附加2 000元。

(3) 收到一张支票，系客户交来的违反合同规定的罚款2 000元。

(4) 将本月“主营业务收入”、“其他业务收入”、“投资收益”、“营业外收入”等账户余额结转入“本年利润”账户。

(5) 将本月“主营业务成本”、“其他业务成本”、“营业税金及附加”、“销售费用”、“管理费用”、“财务费用”等账户余额结转入“本年利润”账户。

(6) 将“所得税费”账户余额结转“本年利润”账户。

(7) 将全年净利润结转“利润分配——未分配利润”账户。

(8) 按本年净利润的10%提取盈余公积。

(9) 按当年净利润的50%计算应分配给投资者的现金利润。

要求：根据经济业务编制会计分录（表3－8－8)。

表3－8－8　　四川天一有限公司会计分录簿

序号	经济业务摘要	会　计　分　录
(1)		借： 　贷：

表3－8－8(续)

序号	经济业务摘要	会 计 分 录
(2)		借： 贷：
(3)		借： 贷：
(4)		借： 贷：
(5)		借： 贷：
(6)		借： 贷：
(7)		借： 贷：
(8)		借： 贷：
(9)		借： 贷：

图书在版编目(CIP)数据

基础会计实训/许仁忠,陈红,李慧蓉主编. —2 版. —成都:西南财经大学出版社,2013.2(2015.7 重印)

ISBN 978 -7 -5504 -0969 -9

Ⅰ.①基… Ⅱ.①许…②杨…③李… Ⅲ.①会计学—教材
Ⅳ.①F230

中国版本图书馆 CIP 数据核字(2013)第 014921 号

基础会计实训(第二版)

主编:许仁忠　陈　红　李慧蓉

责任编辑:张　岚

封面设计:杨红鹰

责任印制:封俊川

出版发行	西南财经大学出版社(四川省成都市光华村街 55 号)
网　　址	http://www.bookcj.com
电子邮件	bookcj@foxmail.com
邮政编码	610074
电　　话	028 -87353785　87352368
照　　排	四川胜翔数码印务设计有限公司
印　　刷	四川森林印务有限责任公司
成品尺寸	185mm ×260mm
印　　张	16.75
字　　数	360 千字
版　　次	2013 年 2 月第 2 版
印　　次	2015 年 7 月第 3 次印刷
印　　数	4501— 6500 册
书　　号	ISBN 978 -7 -5504 -0969 -9
定　　价	32.00 元